영어로 필사해보는
명언 명대사

Chris Suh

300 ENGLISH WHISPERS OF WISDOM

MENTORS

300 English Whispers of Wisdom
영어로 필사해보는 명언·명대사

2025년 06월 18일 인쇄
2025년 06월 25일 발행

지 은 이 Chris Suh 편저
발 행 인 Chris Suh
발 행 처 **MENT⊘RS**
　　　　경기도 성남시 분당구 황새울로 335번길 10 598
　　　　TEL 031-604-0025 FAX 031-696-5221
　　　　mentors.co.kr
　　　　blog.naver.com/mentorsbook
　　　　*Play 스토어 및 App 스토어에서 '멘토스북' 검색해 어플다운받기!
등록일자 2005년 7월 27일
등록번호 제 2009-000027호
I S B N   979-11-94467-80-9
가　 격   25,000원(필사 PDF파일 홈피 무료다운로드)

잘못 인쇄된 책은 교환해 드립니다.
이 책에 게재된 내용의 일부 또는 전체를 무단으로 복제 및 발췌하는 것을 금합니다.

머리말

▎영어필사의 힘!
영어필사는 명언을 통해 지혜를 배우고 영어를 직접 써보면서 영어에 친숙해지고 학습에 도움이 된다는 점에서 일석이조이다. 이와같은 목적을 달성하기 위해 지나치게 고풍스런 그래서 좀 어렵게 느껴지는 글은 지양하고, 대신 많이 알려진 그리고 이해하는데 다소 쉬운 명언과 명대사를 모았다. 구성은 3개의 Chapter와 부록으로 하였으며 Chapter 01에서는 위대한 인물의 위대한 명언을, Chapter 02에서는 위대한 작품의 위대한 명구를, 그리고 Chapter 03에서는 성경과 불경에서 나오는 잘 알려진 지혜로운 말씀들을 정리하였다. 마지막 부록인 Supplements에서는 누가 말했는지 알 수는 없지만 마음에 와닿고 기억속에 남는 명언들과 속담들을 모아 보았다.

▎위대한 인물의 위대한 명언
Chapter 01의 명언에서는, 명언은 꼭 아주 위대한 역사적 인물의 전유물이 아니기 때문에 그 범위를 철학가, 정치가, 군인, 과학자, 의사 뿐만 아니라 시인, 소설가, 그리고 화가, 음악가 그리고 파격적으로 현대의 비즈니스맨이나 스포츠 맨까지 범위를 넓혀서 비교적 잘 알려진 명언들을 정리하였다. 다시 말해서 고풍보다는 실용을 선택하여 진실로 독자들의 마음을 움직일 수 있는 좋은 말들만 선택하였다.

▎위대한 작품의 위대한 명구
Chapter 02의 명구에서는 유명한 시와 소설, 그리고 그리고 역시 실용적인 면에서 영화, 미드, 그리고 뮤지컬에서 감명받을 수 있는 구절을 뽑아서 정리하였다. 모르는 명구보다는 아는 명구의 의미를 다시 한번 새기면서 한 번 필사를 해보는 것이 우리 인생을 사는데 더 도움이 될 것이라는 판단에서이다. 쉽게 예를 들자면 영어단어 책인데 영단어의 의미보다 예문이 더 어려우면 영단어를 이해하고 외우는데 별 도움이 되지 않기 때문인 것과 같은 이치이다.

▎성경과 불경의 지혜로운 말씀들
Chapter 03은 믿음과 상관없이 한번 들어봤을 법한 지혜로운 말씀들만을 골라서 '성경의 말씀,' 그리고 '불경의 말씀'을 따로 정리하였다. 마지막 서플먼트에서는 누가 말했는지 모르지만 꼭 써보고 싶은 명언과 속담을 간편하게 모아보았다.

▎따라써보고 필사해보기
명언이나 명구는 왼쪽 페이지에 그리고 필사는 오른쪽 페이지에 하도록 되어 있지만, 먼저 '따라써보기'는 왼쪽의 문장을 흐리게 보이게 하여서 못외워도 글자를 그대로 따라서 필사할 수 있도록 꾸몄고, 그 아래 빈공간에는 가능한 위를 보지 않고 하지만 다 외울 수는 없으니 살금살금 자신이 따라써본 위를 보면서 필사해보도록 꾸몄다. 또한 필사를 더 해보면서 영어를 학습하고 싶은 독자들을 위하여 오른쪽 페이지만 모은 PDF파일(따라써보기 영문부분은 일부만 제공)을 홈피에서 무료로 다운로드할 수 있도록 하였다.

▎필사해보면 삶의 지혜를…
각 명언이나 명구의 어려운 단어는 우리말 의미를 달았으며 이 명언을 한 사람이 누군이지 또 그 의미는 무엇인지 간략하게 설명을 달아 쉽게 영문을 이해할 수 있도록 하였다. 다시한번 말하지만 이미 알고 있는 명언만 제대로 알아도 충분하고 그리고 그것들을 2번에 걸쳐 써보면 마음 속에 오래 각인되어 인생을 살아가는데 많은 도움이 될 것이라 생각된다. 특히 어지럽고 혼란스러운 시대를 살아가는 우리들에게 이책 <영어로 필사해보는 명언·명대사>의 여러 지혜의 말들을 통해 지나온 삶을 되돌아보고 새로운 희망과 목표를 세우고 이에 힘찬 도전을 해보는 절호의 기회가 되기를 바란다.

이 책은 무엇이 다른가~

명언의 범위를 오래된 인물에 국한시키지 않고, 스티브 잡스 같은 현대의 사업가, 그리고 요기 베라같은 스포츠맨까지, 그리고 명구는 시인, 소설가의 작품 뿐만 아니라 영화, 미드 그리고 뮤지컬의 명대사까지 포함시켰다.

1. 고대에서 현대까지의 위대한 명언, 명구들을 필사해보며 삶의 지혜를 얻을 수 있다.
2. 비교적 잘 알려진 명언, 명대사를 누가 말하였으며 그렇게 말하게 된 배경을 쉽게 풀어 설명하였다.
3. 오른쪽 페이지에 적혀있는 희미한 글자를 따라써보고 그리고 그 아래에서 한 번 더 필사해보면 영어 학습에 큰 도움이 될 것이다.

이 책은 어떻게 구성되었나~

3개의 Chapter와 하나의 Supplements(부록)으로 구성되어 있고 왼쪽 페이지에는 명언과 명구를 그리고 오른쪽 페이지에서는 명언과 명구를 두번씩 필사해볼 수 있는 공간을 마련하였다.

1. Chapter 01 위대한 인물들의 위대한 명언
아리스토텔레스부터 스티브 잡스까지 읽고 감동받을 문장들만 선택하여 우리말 해석과 단어설명 그리고 해설까지 다 달았다.

2. Chapter 02 위대한 작품들의 위대한 명구
<햄릿>에서 <어린 왕자>, <카사블랑카>에서 <라라랜드>, 그리고 <프렌즈>에서 <왕좌의 게임>까지 잊을 수 없는 명구, 명대사만을 모았다.

3. Chapter 03 성경과 불경의 지혜로운 말씀
누구나 한번쯤은 들어봤을만한 혹은 알아두면 살아가는데 도움이 될 만한 말씀들을 정리하였다.

4. Supplements(부록)
여기서는 비교적 짧은 작자 미상의 명언과 속담을 가볍게 필사해보는 자리이다.

이 책은 어떻게 봐야 하나~~

01 철학가·정치가·군인 ❶

> **019**
> **A politician divides mankind into two classes: tools and enemies.** – Friedrich Nietzsche ❷
> 💡 정치인은 인류를 두 부류로 나눈다: 도구와 적으로. – 프리드리히 니체

❸
- politician 정치가 divide ~into …을 …로 나누다 mankind 인류 class 종류, 부류
- 프로이센 출신의 급진적인 철학가로 현대 유럽철학의 근간을 세웠다. "신은 죽었다"라는 말을 한 것으로 유명한 인물. 이 명언은 요즘 우리의 정치인들을 보면 쉽게 이해가 될 것이다. 자기 편이면 이용하고 자기 편이 아니면 적으로 죽여 버리고….

❶ 명언을 말한 인물들이나 명구가 나오는 작품들을 말해준다.

❷ 핵심부분으로 명언, 명구, 명대사를 영어로 읽어본다. 그리고 이를 누가 말했고 그 우리말 번역은 어떻게 되는지 확인해보는 자리이다.

❸ 어려운 단어에 대한 설명과 명언, 명구, 그리고 명대사가 무슨 의미인지 무슨 가르침인지 쉽게 설명하였다.

직접 필사해보는 오른쪽 페이지 구성으로 먼저 왼쪽의 문장을 희미하게 그대로 옮겨놓은 부분을 **따라 써보고**, 그리고 밑에 가능한 한 안보고 **필사**를 해본다. 이 부분은 **홈피에서 PDF파일로 다운받아 여러번 필사**를 해볼 수가 있다.

English Handwriting Practice ✏️

019

따라써보기 A politician divides mankind into two classes: tools and enemies.

필사해보기

005

Contents

300 English Whispers of Wisdom
영어로 필사해보는 명언·명대사

CHAPTER 01
위대한 인물의 위대한 명언들 · 008

- 01 철학가·정치가·군인 ······ 010
- 02 과학자·의사 ······ 044
- 03 시인·소설가·화가·음악가 ······ 062
- 04 사업가·스포츠맨·자기계발강연자 ······ 086

CHAPTER 02
위대한 작품속 위대한 명구들 · 106

- 01 시·소설 ······ 108
- 02 영화 ······ 130
- 03 미드 ······ 158
- 04 뮤지컬 ······ 182

CHAPTER 03
성경과 불경에서 찾은 지혜로운 말씀들 · 198

- 01 성경말씀 ······ 200
- 02 불경말씀 ······ 244

SUPPLEMENTS
광고문구나 속담 · 264

memo

CHAPTER 01

위대한 인물의
위대한 명언들

동서고금을 통해서 위대한 철학가, 과학자, 군인, 의사
그리고 시인과 소설가가 남긴 명언들과, 기타 기억에
남는 사업가, 스포츠맨 등의 사람들이 말한 명언들을
영어로 만나보고 마음 속에 넣어보고,
한번 필사를 해보도록 한다.

---

01 철학가·정치가·군인
02 과학자·의사
03 시인·소설가·화가·음악가
04 사업가·스포츠맨·자기계발강연자

01 철학가·정치가·군인

001
Veni, vidi, vici!(I came, I saw, I conquered.)
The die is cast. – *Julius Caesar*

 왔노라, 보았노라, 이겼노라! 주사위는 던져졌다. – 줄리어스 카이사르

- **conquer** 정복하다 **die** 주사위 **cast** 던지다(cast-cast-cast)
- 줄리어스 시저는 로마의 정치인, 장군이다. 그는 로마 공화국이 로마 제국으로 변화하는데 중요한 역할을 하였다. 이 명언은 시저가 루비콘 강을 건널 때 한 말로 주사위는 던져졌다(The die is cast)와 더불어 널리 인용되고 있다.

002
The buck stops here. – *Harry S. Truman*

 모든 책임은 내가 진다. – 해리 트루먼

- **buck** 수사슴, 책임
- 미국 제 33대 대통령, Harry S. Truman의 책상 위에 적혀 있던 모토. buck하면 「수사슴」(stag) 및 「달러」란 의미로 잘 알려져 있지만 여기서 buck은 포커 게임에서 「카드를 돌릴 차례가 된 사람 앞에 놓는 패」로 '책임'이란 뜻으로 쓰였다.

003
The more you know, the more you realize you don't know. –*Arstotle*

 알면 알수록 모르는 것이 더 많다는 것을 깨닫게 된다. – 아리스토텔레스

- **realize** 깨닫다 **the more~, the more~** …하면 할수록 더 …하다
- 아리스토텔레스는 그리스의 철학자로 플라톤의 제자로 많이 알려져 있으며 현재 서양철학의 근본을 이루는데 크게 이바지하였다.

English Handwriting Practice

001
따라써보기 Veni, vidi, vici!(I came, I saw, I conquered.)
The die is cast.

필사해보기

002
따라써보기 The buck stops here.

필사해보기

003
따라써보기 The more you know, the more you realize you don't know.

필사해보기

01 철학가·정치가·군인

004
The wise man knows that he knows nothing. - Socrates

💡 현명한 사람은 자신이 아무것도 모른다는 것을 안다. - 소크라테스

- wise 현명한 know nothing 아무것도 모르다
- 아리스토텔레스의 스승인 플라톤의 스승으로 유명한 고대 그리스의 철학자. 아내 크산티페에 관해 "악처도 법이다"라는 유명한 말을 남겼으며 "By all means marry. If you get a good wife, you would be happy. If you get a bad wife, you will be a philosopher."(반드시 결혼하라. 만약 좋은 아내를 얻으면 행복할 것이다. 그리고 악처를 얻으면 철학자가 될 것이다)라는 명언을 남기기도 하였다.

005
The only thing we have to fear is fear itself.
- Franklin D. Roosevelt

💡 우리가 두려워해야 할 것은 오로지 두려움 그 자체이다. - 프랭클린 루스벨트

- have to+V …해야 한다 fear 두려워하다, 두려움
- 1933년 미국의 경제 공황이 한창일 무렵, 제 32대 대통령으로 임명된 Franklin D. Roosevelt가 취임연설에서 한 말.

006
Success is not final, failure is not fatal; it is the courage to continue that counts. - Winston Churchill

💡 성공은 끝이 아니며, 실패는 치명적이지 않다. 중요한 것은 계속하려는 용기이다.
- 윈스턴 처칠

- final 최종의 failure 실패 fatal 치명적인 courage 용기
  it is+명사 that counts 중요한 것은 …이다. 여기서 count는 '중요하다'란 의미.
- 제 2차 세계대전 중에 영국의 총리를 지낸 정치인, 군인, 작가로 많은 명언을 남긴 것으로 잘 알려져 있다.

English Handwriting Practice

004
따라써보기 The wise man knows that he knows nothing.

필사해보기

005
따라써보기 The only thing we have to fear is fear itself.

필사해보기

006
따라써보기 Success is not final, failure is not fatal; it is the courage to continue that counts.

필사해보기

01 철학가·정치가·군인

007
I count him braver who overcomes his desires than him who conquers his enemies; for the hardest victory is over self. –Aristotle

 나는 적을 정복한 사람보다 자기 자신의 욕망을 극복한 사람이 더 용감하다고 생각한다. 그 이유는 자기 자신을 이기는 것이 가장 어려운 승리이기 때문이다. - 아리스토텔레스

- count 간주하다 overcome 극복하다 desire 욕망 conquer 정복하다, 이겨내다 be over self 자신을 넘어서다
- 외부의 적보다 자기 자신과의 싸움이 원래 어려운 법. 보이지 않지만 욕망, 충동, 그리고 여러 감정에 휘둘리지 않고 이를 이겨내는 게 가장 어려운 것이라고 말하는 문구이다.

008
Since a politician never believes what he says, he is surprised when others believe him. - Charles de Gaulle

 정치가는 자신이 한 말을 믿지 않기 때문에, 다른 사람들이 자신을 믿으면 놀란다. - 샤를르 드 골

- since S+V …한 까닭에 *여기서 since는 이유의 접속사이다.
- 제 2차 세계대전시의 프랑스 지도자로 전후 프랑스의 총리와 프랑스 제 5공화국 초대 대통령을 역임하였다.

009
If you're born in America with black skin, you're born in prison. - Malcolm X

검은 피부를 가지고 미국에서 태어나는 것은 감옥에서 태어나는 것이다. - 말콤 X

- be born in prison 감옥에서 태어나다
- 같은 버스도 못타고(bursing) 같은 식당에서 밥을 먹을 수도 없었던 노골적인 흑인 차별 시기의 급진파 흑인해방 운동가.

English Handwriting Practice

007

따라써보기 I count him braver who overcomes his desires than him who conquers his ememies; for the hardest victory is over self.

필사해보기

008

따라써보기 Since a politician never believes what he says, he is surprised when others believe him.

필사해보기

009

따라써보기 If you're born in America with black skin, you're born in prison.

필사해보기

01 철학가·정치가·군인

010
I have a dream that my four little children will one day live in a nation where they will not be judged by the color of their skin, but by the content of their character. - Martin Luther King

💡 나에게는 꿈이 있다. 내 네 자녀들이 피부색이 아니라 인격에 따라 평가받는 나라에 살게 되는 날이 오리라는 꿈이다. -마틴 루터 킹

- one day 언젠가 be judged by~ …로 판단되다 content of one's character 인격
- 미국의 목사로 평화적인 흑인인권운동가이다. 그를 기리기 위해 매년 1월 셋째주 월요일을 마틴 루터 킹데이라는 휴일을 제정하였다.

011
Ask not what your country can do for you. Ask what you can do for your country. - John F. Kennedy

💡 조국이 여러분을 위해 무엇을 할 수 있는지 묻지 말고, 여러분이 조국을 위해 무엇을 할 수 있는지 스스로 물어보라. - 존 F. 케네디

- country 나라, 시골
- 1961년 미국의 최연소 나이로 대통령에 당선된 인물. 미국 민주당을 대표하는 대통령으로 쿠바위기를 해결하고 아폴로 계획을 수립한 것으로 유명하다.

012
If you know your enemies and know yourself, you will not be imperiled in a hundred battles. - Sun Tzu

💡 적을 알고 나를 알면 백 번 싸워도 위태롭지 않다. - 손무[손자]

- enemy 적 be imperiled 위태롭게 되다, 위험에 빠지다 battle 전투
- 고대 중국춘추시대 오나라의 전성기를 이끈 군사전략가로 본명은 손무이다.

English Handwriting Practice

010

따라써보기 I have a dream that my four little children will one day live in a nation where they will not be judged by the color of their skin, but by the content of their character.

필사해보기

011

따라써보기 Ask not what your country can do for you. Ask what you can do for your country.

필사해보기

012

따라써보기 If you know your enemies and know yourself, you will not be imperiled in a hundred battles.

필사해보기

01 철학가·정치가·군인

013
Before you embark on a journey of revenge, dig two graves. – *Confucius*

 복수의 여정을 시작하기 전에 무덤을 두개 파라. – 공자

- embark on …을 시작하다 revenge 복수 dig 파다 grave 무덤
- 고대 중국의 철학가로 동양철학의 토대를 만든 인물이자 유교의 창시자로 알려져 있다. 복수하려면 목숨을 내놓을 수밖에 없다는 진리의 말씀.

014
I think, therefore I am.[Cogito, ergo sum] – *Rene Descartes*

 나는 생각한다, 그러므로 나는 존재한다. – 르네 데카르트

- therefore 그러므로
- 서양 근대철학의 출발점이 된 철학가로 이 명언의 의미는 "내가 의심하면서 그것을 스스로 의식하고 있으면 내가 여기에 있다는 것을 결코 의심할 수 없을 정도로 내가 가장 확실하게 알 수 있다"는 것을 말한다. 이 명제가 다른 모든 것의 근거가 되는 가장 기초적인 명제라 생각하였다. 괄호안은 이 문장의 라틴어로 발음은 "코기토 에르고 숨"이라 한다.

015
I shall return. – *Douglas MacArthur*

 나는 반드시 다시 돌아온다. – 더글라스 맥아더

- return 돌아오다
- Douglas MacArthur 장군이 제2차 세계대전 초 일본군에게 쫓겨 오스트레일리아로 일시 철수했을 때 "I came through and I shall return"(살아남아서 반드시 다시 돌아오리라)이라는 한마디를 남겼고, 결국 그는 약속대로 다시 돌아왔다고 한다. 이로부터 "I shall return"은 약속이나 맹세를 할 때 곧잘 사용된다.

English Handwriting Practice

013
따라써보기 Before you embark on a journey of revenge, dig two graves.

필사해보기

014
따라써보기 I think, therefore I am.[Cogito, ergo sum]

필사해보기

015
따라써보기 I shall return.

필사해보기

01 철학가·정치가·군인

016
The best way to predict your future is to create it.
– Abraham Lincoln

💡 미래를 예측하는 가장 좋은 방법은 미래를 만들어내는 것이다. – 에이브러햄 링컨

- predict 예측하다 create 창조하다
- 미국의 16대 대통령으로 남북전쟁에서 노예제도를 찬성하는 미국 남부 주들이 독립해서 세운 미연합국에게 승리하고 미국을 재통합했으며, 노예해방선언 및 수정헌법 제13조를 통해 미국의 노예제를 폐지하는 데 공헌했다

017
You are never too old to set another goal or to dream a new dream. – Malala Yousafzai

💡 다른 목표를 세우거나 새로운 꿈을 꾸기에 너무 늦은 나이는 없다. – 말랄라 유사프자이

- set another goal 또다른 목표를 정하다
- 2014년 최연소로 노벨평화상을 수상했다. 탈레반이 점령한 파키스탄에서 아동 및 여성교육을 위해 수많은 위협 속에서도 활동하고 있는 인권운동가.

018
Pleasure in the job puts perfection in the work. – Aristotle

💡 일을 즐기면 일의 완성도가 높아진다. – 아리스토텔레스

- put perfection in~ …에 완성도를 부여하다
- 일을 열심히 하는 사람은 일을 즐기는 사람을 따라갈 수가 없다는 최근에 회자되는 말에 해당되는 명언이다.

English Handwriting Practice

016
따라써보기 The best way to predict your future is to create it.

필사해보기

017
따라써보기 You are never too old to set another goal or to dream a new dream.

필사해보기

018
따라써보기 Pleasure in the job puts perfection in the work.

필사해보기

01 철학가·정치가·군인

019
A politician divides mankind into two classes: tools and enemies. – Friedrich Nietzsche

 정치인은 인류를 두 부류로 나눈다: 도구와 적으로. – 프리드리히 니체

- **politician** 정치가　**divide ~into** …을 …로 나누다　**mankind** 인류　**class** 종류, 부류
- 프로이센 출신의 급진적인 철학가로 현대 유럽철학의 근간을 세웠다. "신은 죽었다"라는 말을 한 것으로 유명한 인물. 이 명언은 요즘 우리의 정치인들을 보면 쉽게 이해가 될 것이다. 자기 편이면 이용하고 자기 편이 아니면 적으로 죽여 버리고….

020
Every generation laughs at the old fashions but religiously follows the new. – Henry David Thoreau

 모든 세대는 지난 유행을 비웃는다. 그러나 새 유행은 종교처럼 따른다. – 헨리 데이비드 소로

- **generation** 세대　**laugh at** 비웃다　**religiously** 맹목적으로, 무비판적으로　**follow** 따르다
- 미국 출신의 철학자로 〈시민불복종〉이란 저서에서 개인의 자유를 침해하고 억압하는 국가의 권력에 저항하는 것을 주장하여 마하트마 간디나 마틴 루터 킹 등에게 영향을 끼쳤다.

021
The greatest glory in living lies not in never falling, but in rising every time we fall. – Nelson Mandela

인생에서 가장 큰 영광은 한 번도 넘어지지 않는 것이 아니라, 넘어질 때마다 일어서는 것이다. – 넬슨 만델라

- **glory** 영광　**lie in ~ing** … 하는데 놓여있다
- 남아프리카 최초의 흑인 대통령. 국민의 대다수인 흑인을 분리하고 차별하는 정책인 아파르트헤이트(Apartheid)에 적극적으로 반대하며 진정으로 흑인인권을 위해 싸운 세계인권운동의 상징적 인물이다.

English Handwriting Practice

019

따라써보기 A politician divides mankind into two classes: tools and enemies.

필사해보기

020

따라써보기 Every generation laughs at the old fashions but religiously follows the new.

필사해보기

021

따라써보기 The greatest glory in living lies not in never falling, but in rising every time we fall.

필사해보기

01 철학가·정치가·군인

022

Old soldiers never die; they just fade away.
– Douglas MacArthur

💡 노병은 죽지 않는다, 다만 사라질 뿐이다. – 더글라스 맥아더

- fade away 점차 사라지다
- 1951년 4월, Douglas MacArthur 장군이 Harry S. Truman 대통령과 한국전쟁에 대한 전략상의 견해차로 해임되면서, 미국의회에서 행한 연설 중 마지막 부분에 쓴 문구. 이것을 빗대어, 월남전쟁 당시에는 "Old soldiers never die; just young ones"(노병은 죽지 않는다. 죽는 것은 젊은 병사들뿐)와 같은 낙서가 많이 눈에 띄었다.

023

Believe you can and you're halfway there. – Theodore Roosevelt

💡 할 수 있다고 믿어라. 그러면 절반쯤 온 셈이다. – 시어도어 루즈벨트

- halfway 중간쯤
- 20세기 미국이 초강대국으로 성장하는 기반을 설립한 제26대 대통령으로 미국인 최초의 노벨평화상을 1906년에 받았다.

024

If life were predictable it would cease to be life, and be without flavor. – Eleanor Roosevelt

💡 인생을 예측할 수 있다면, 그것은 인생이라 할 수 없고 사는 맛도 없을 것이다.
– 엘리너 루스벨트

- predictable 예측가능한 cease to+V …하기를 멈추다 flavor 맛
- 미국 제 32대 대통령 프랭클린 D. 루스벨트의 배우자. 인도주의적 활동과 정치 등에서의 활동으로 역사상 가장 활발한 대통령 배우자로 알려져 있다.

English Handwriting Practice

022
따라써보기 Old soldiers never die; they just fade away.

필사해보기

023
따라써보기 Believe you can and you're halfway there.

필사해보기

024
따라써보기 If life were predictable it would cease to be life, and be without flavor.

필사해보기

01 철학가·정치가·군인

025
Justice delayed is justice denied. – William Gladstone

💡 정의의 실천을 뒤로 미루는 것은 정의를 거부하는 것이나 다름없다. – 윌리엄 글래드스톤

- **delayed** 지연된, 뒤로 미루어진　**denied** 거부된
- 자유주의와 평화주의를 주창한 19세기 중후반을 대표하는 영국 총리 윌리엄 글래드스톤의 명언. 올바른 정의를 미루는 것은 정의를 실현하려는 의지가 없는 것과 같다는 문구이다.

026
He who knows does not speak. He who speaks does not know. – Sun Tzu

💡 아는 자는 말하지 않고, 말하는 자는 알지 못한다. – 노자

- **know** 알다　**speak** 말하다
- 쉽게 말하면 "빈깡통이 시끄럽다"라는 말씀. 그 오래전이지만 어떻게 지금 현실에도 딱 맞는 말씀들을 하셨는지…. 그때나 지금이나 세상사는 모습은 똑 같은 모양이다. 그리하여 말많은 사람을 조심해야 한다.

027
The only limit to our realization of tomorrow will be our doubts of today. – Franklin D. Roosevelt

💡 우리가 내일을 실현하는 데 있어 유일한 한계는 오늘에 대한 의심일 것이다. – 프랭클린 D. 루즈벨트

- **limit to~** …에 대한 한계　**realization** 깨달음, 실현(여기서는 이 의미로)　**doubt** 의심
- 한 사람의 성공여부는 자신의 능력부족이 아니라 자기 자신에 대한 확신이 없는 것이기 때문이라는 의미이다.

English Handwriting Practice

025
따라써보기 Justice delayed is justice denied.

필사해보기

026
따라써보기 He who knows does not speak. He who speaks does not know.

필사해보기

027
따라써보기 The only limit to our realization of tomorrow will be our doubts of today.

필사해보기

01 철학가·정치가·군인

028
Better to have loved and lost, than to have never loved at all. - St. Augustine

💡 사랑하고 잃는 것이 사랑하지 않는 것보다 낫다. - 성 어거스틴

- **better to+V** …하는 것이 낫다
- 아우구스티누스라는 이름으로 더 알려진 신학자로 기독교에서는 교부로 추앙받고 마틴 루터와 장 칼뱅에게도 영향을 많이 끼친 인물

029
It always seems impossible until it's done. - Nelson Mandela

💡 그 일이 끝날 때까지는 항상 불가능해 보인다. - 넬슨 만델라

- **seem+형용사** …처럼 보이다   **until S+V** …할 때까지
- 이는 어떤 일을 시작하기 전에 불가능해 보이지만 계속 도전하여 시도하면 결국 해낼 수 있다는 의미이다.

030
Doing what's right isn't the problem. It's knowing what's right. - Lyndon B. Johnson

💡 옳은 일을 하는 것이 문제는 아니다. 문제는 무엇이 옳은 일인지 아는 것이다. - 린든 존슨

- 1963년 케네디의 암살 후 부통령이었던 존슨은 제36대 미국대통령이 되었다. 마음만 먹으면 정의롭게 행동하는 것은 가능하지만 문제는 진짜 정의로운 게 뭔가 판단하는 것이다라는 의미.

English Handwriting Practice

028
따라써보기 Better to have loved and lost, than to have never loved at all.

필사해보기

029
따라써보기 It always seems impossible until it's done.

필사해보기

030
따라써보기 Doing what's right isn't the problem. It's knowing what's right.

필사해보기

01 철학가·정치가·군인

031
I find that the harder I work, the more luck I seem to have. - *Thomas Jefferson*

💡 더 열심히 일하면 할수록 운이 더 좋아진다는 것을 알게 된다. - 토마스 제퍼슨

- I find that S+V …을 알다
- 미국 건국의 아버지들(The Founding Fathers) 중 한명으로 미국의 제3대 대통령. 이 명언은 성공한 사람의 운이 좋아서 된 걸로 보이지만 실은 그만큼 열심히 일한 결과라는 말이다.

032
Success is walking from failure to failure with no loss of enthusiasm. - *Winston Churchill*

💡 성공은 실패에서 실패로, 열정을 잃지 않는 것이다. - 윈스턴 처칠

- success 성공   walk from~ to …에서 …로 나아가다   loss 손실   enthusiasm 열정
- 실패에 좌절하지 않고 열정과 의지를 갖고 계속 나아가야 성공할 수 있다는 의미이다.

033
To know that you do not know is the best. - *Confucius*

💡 모른다는 것을 아는 것이 최선이다. - 공자

- know that~ …을 알다   the best 최선이다
- 소크라테스의 "나는 내가 아무것도 모른다는 것을 안다"와 일맥상통하는 문구로 자기의 지식을 뽐내지 말고 겸손하게 자신의 한계를 알고 있어야 한다는 의미이다.

English Handwriting Practice

031

따라써보기 I find that the harder I work, the more luck I seem to have.

필사해보기

032

따라써보기 Success is walking from failure to failure with no loss of enthusiasm.

필사해보기

033

따라써보기 To know that you do not know is the best.

필사해보기

01 철학가·정치가·군인

034
The things I want to know are in books; my best friend is the man who'll get me a book I ain't read.
– Abraham Lincoln

💡 내가 알고 싶은 일의 해답은 책에 있다; 나의 가장 훌륭한 친구는 내가 아직 읽지 못한 책을 나에게 가져다주는 친구이다. – 에이브러햄 링컨

- **get me a book** 나에게 책을 가져다주다 **ain't** be동사의 부정문으로 am not, is not, are not 등의 축약형
- 링컨은 진리를 얻기 위해 끊임없이 책을 찾고 읽었다는 것으로 책의 소중함을 일깨워주는 소중한 명언이다.

035
While there's life, there's hope. – Marcus Cicero

💡 삶이 있는 한 희망은 있다. – 마르쿠스 키케로

- **life** 삶, 인생 **hope** 희망
- 로마 공화정 말기의 정치가, 웅변가, 철학가이다. 아무리 어렵고 힘들더라도 살아있는 한 미래는 여전히 열려 있다라는 희망적인 메시지.

036
Books are ships which pass through the vast seas of time. – Francis Bacon

💡 책이란 넓고 넓은 시간의 바다를 지나가는 배다. – 프랜시스 베이컨

- **vast** 광대한, 거대한 **pass through** …을 빠져 나가다, 관통하다, 거쳐 지나가다
- 16세기 영국의 철학가로 관찰과 실험을 통해 과학적 사실을 점진적으로 구축해야 한다는 귀납적 인식론을 제시한 인물. 보편적인 명제에서 개별적인 명제를 도출하는 유럽대륙의 연역법과는 다른 방법론이다. "아는 것이 힘이다"(knowledge is power)라는 명언을 한 것으로 유명하다.

English Handwriting Practice

034

따라써보기 The things I want to know are in books; my best friend is the man who'll get me a book I ain't read.

필사해보기

035

따라써보기 While there's life, there's hope.

필사해보기

036

따라써보기 Books are ships which pass through the vast seas of time.

필사해보기

01 철학가·정치가·군인

037 **Success usually comes to those who are too busy to be looking for it.** – Henry David Thoreau

💡 성공은 대개 그것을 좇을 겨를도 없이 바쁜 사람에게 온다. – 헨리 데이비드 소로

- usually 보통   come to sb …에게 오다   be too~ to+V 너무 …해서 …하지 못하다   look for~ …을 찾다
- 앞서 나온 소로는 자연과 인간의 관계에 대해 많은 생각을 해서 자연의 아름다움과 평화, 인간과 자연, 인간 관계 등에 대한 명언이 많다. 이 문구는 성공을 너무 의식하지 않고 자신의 일에 몰두하다 보면 성공에 이르게 된다는 의미이다.

038 **Love is composed of a single soul inhabiting two bodies.** – Aristotle

💡 사랑은 두 몸에 깃든 하나의 영혼이다. – 아리스토텔레스

- be composed of~ …으로 구성되어 있다   inhabit 거주하다
- 진정한 사랑은 정신적인 일체감을 갖는다는 문구. 진정한 사랑이란 단순한 감정이나 욕망을 넘어서 두 사람이 하나의 영혼을 나누는 깊은 일체감이라는 내용이다.

039 **Where there is love there is life.** – Mahatma Gandhi

💡 사랑이 있는 곳에 삶이 있다. – 마하트마 간디

- love 사랑   life 삶, 인생
- 영국 식민지하 인도의 정신적, 정치적 지도자로 영국으로부터 인도의 독립을 위해 비폭력운동을 주도하였다.

English Handwriting Practice

037

따라써보기 ▶ Success usually comes to those who are too busy to be looking for it.

필사해보기

038

따라써보기 ▶ Love is composed of a single soul inhabiting two bodies.

필사해보기

039

따라써보기 ▶ Where there is love there is life.

필사해보기

01 철학가·정치가·군인

040
Energy and persistence conquer all things. – *Benjamin Franklin*

기운과 끈기는 모든 것을 이겨낸다. – 벤자민 프랭클린

- persistence 끈기   conquer 정복하다
- 모든 일에는 열정과 포기하지 않는 끈기만 있으면 성공할 수 있다는 말씀이다.

041
Sometimes even to live is an act of courage. – *Seneca*

때로는 살아있는 것조차도 용기가 될 때가 있다. – 세네카

- sometimes 때때로   even …조차   courage 용기
- 고대 로마의 스토아 학파 철학자, 정치인으로 폭군 네로의 스승으로 유명하다. 이 문구는 삶이 너무 힘들어 포기하고 싶을 때도 있지만 그런 순간들을 이겨내면서 살아가고 있는 것 자체가 이미 용감한 것이다라고 말한다.

042
Nature does nothing uselessly. – *Aristotle*

자연이 하는 일에는 쓸데없는 것이 없다. – 아리스토텔레스

- uselessly 쓸모없이
- 자연에는 우연 등의 쓸데없는 일로 돌아가는 것이 아니라 모든 것에는 이유와 목적을 가지고 작동한다는 의미이다.

English Handwriting Practice

040

따라써보기 Energy and persistence conquer all things.

필사해보기

041

따라써보기 Sometimes even to live is an act of courage.

필사해보기

042

따라써보기 Nature does nothing uselessly.

필사해보기

01 철학가·정치가·군인

043
Misfortune shows those who are not really friends.
– Aristotle

💡 불행은 누가 진정한 친구가 아닌지를 보여준다. – 아리스토텔레스

- **misfortune** 불행
- 자신이 힘들고 역경 속에 헤매일 때 항상 곁에 있는 친구가 진정한 친구라는 의미.

044
I was never less alone than when by myself. – *Edward Gibbon*

💡 나는 혼자 있을 때 가장 외롭지 않았다. – 에드워드 기번

- **never less** 가장 …하지 않다(부정+비교급=최상급) **by myself** 홀로
- 혼자 있을 때 자기 자신과 깊이 있는 대화를 할 수 있기 때문에 가장 외롭지 않다라는 의미이다.

045
A vessel must be empty to hold anything. – *Sun Tzu*

💡 그릇은 비어 있어야만 무엇을 담을 수 있다. – 노자

- **vessel** 용기, 그릇 **empty** 빈, 비워있는 **hold** 담다
- 지금보다 더 배우고 지식을 얻기 위해서는 기존의 고정관념, 편견 등을 버려야 한다는 문구.

English Handwriting Practice

043

따라써보기 Misfortune shows those who are not really friends.

필사해보기

044

따라써보기 I was never less alone than when by myself.

필사해보기

045

따라써보기 A vessel must be empty to hold anything.

필사해보기

01 철학가·정치가·군인

046
When you have faults, do not fear to abandon them.
– Confucius

💡 허물이 있다면, 버리기를 두려워 말라. - 공자

- fault 잘못, 단점   fear to+V …하는 것을 두려워하다   abandon 버리다
- 자기 자신의 잘못이나 단점들을 숨기기에 급급하지 말고 스스로 그것들을 인정하고 버릴 수 있어야 더 나은 사람이 될 수 있다는 의미.

047
Habit is second nature. – Michel de Montaigne

💡 습관은 제 2의 천성이다. - 미셀 드 몽테뉴

- habit 습관   nature 자연, 본성
- 16세기 르네상스 최고의 프랑스 출신 철학자로 〈수상록〉이라는 작품으로 유명하다. 원래 자신의 것이 아니었다고 해도 습관이 반복되다 보면 언젠가는 자신의 일부가 된다는 명언이다.

048
Watch your thought for they become words. Watch your words for they become actions. Watch your actions for they become habits. Watch your habits, for they become your character. And watch your character, for it become your destiny. – Sun Tzu

💡 생각을 조심하라, 생각은 말이 된다. 말을 조심하라, 말은 행동이 된다. 행동을 조심하라, 행동은 습관이 된다. 습관을 조심하라, 습관은 인격이 된다. 인격을 조심하라, 인격은 운명이 된다. - 노자

- thought 생각   for S+V …하기 때문에   habit 습관   character 인격   destiny 운명
- 일상의 모든 작은 것부터 의식하면서 살라는 말. 자신의 운명은 어느 날 갑자기 결정되는 게 아니라 매일매일의 생각, 말, 행동, 습관, 성품이 축적되어 만들어낸 결과라는 문구이다.

English Handwriting Practice

046
따라써보기 When you have faults, do not fear to abandon them.

필사해보기

047
따라써보기 Habit is second nature.

필사해보기

048
따라써보기 Watch your thought for they become words. Watch your words for they become actions. Watch your actions for they become habits. Watch your habits, for they become your character. And watch your character, for it become your destiny.

필사해보기

01 철학가·정치가·군인

049
Men acquire a particular quality by constantly acting a particular way... you become just by performing just actions, temperate by performing temperate actions, brave by performing brave actions. - *Aristotle*

> 💡 인간은 끊임없이 어떤 방식으로 행동함으로써 특정한 자질을 습득한다. 올바른 행동을 하면 올바른 사람이, 절도 있는 행동을 하면 절도 있는 사람이, 용감한 행동을 하면 용감한 사람이 된다. - 아리스토텔레스

- **acquire** 얻다 **particular quality** 특별한 자질 **constantly** 지속적으로 **perform** 수행하다
  temperate 차분한, 절제된
- 아리스토텔레스는 우리가 태생적으로 정의롭거나 용감한 것이 아니라, "지속적인 행동과 습관"을 통해 덕(virtue)을 갖춘 사람이 된다, 즉 행동을 통해 인격이 형성된다고 말하는 명언이다.

050
He who fights with monsters might take care lest he thereby become a monster. And if you gaze for long into an abyss, the abyss gazes also into you.
- *Friedrich Nietzsche*

> 괴물과 싸우는 사람은 자신이 괴물이 되지 않도록 조심해야 한다. 그리고, 만약 당신이 심연을 오랫동안 응시한다면, 심연도 당신을 응시한다. - 니체

- **monster** 괴물 **lest S+V** …가 …하지 않도록 **thereby** 그렇게 함으로써 **gaze** 응시하다 **abyss** 심연
- 악이나 어둠에 맞서 싸우는 사람은 스스로 타락할 위험에 처할 수 있고 또한 심연을 응시하는 것은 어둡거나 심오한 것을 오랫동안 관찰하다보면 그 심연이 자신을 집어삼킬 수도 있다는 의미이다.

English Handwriting Practice

049

따라써보기 Men acquire a particular quality by constantly acting a particular way... you become just by performing just actions, temperate by performing temperate actions, brave by performing brave actions.

필사해보기

050

따라써보기 He who fights with monsters might take care lest he thereby become a monster. And if you gaze for long into an abyss, the abyss gazes also into you.

필사해보기

02 과학자·의사

001
That's one small step for a man, one giant leap for mankind. – *Neil Armstrong*

 한 인간에게 있어선 하나의 작은 발자국에 불과하나 인류에게 있어선 거대한 도약이다.
– 닐 암스트롱

- step 발걸음   giant 거대한   mankind 인류
- 닐 암스트롱은 1969년 7월 21일 아폴로 11호를 타고 성공적으로 달에 착륙하였고, 역사적으로 달에 첫발을 내디디며 한 감격적인 한마디.

002
A little knowledge is a dangerous thing. So is a lot.
– *Albert Einstein*

 섣부른 지식은 위험한 것이다. 너무 많이 아는 것도 위험하긴 마찬가지이다.
– 알버트 아인슈타인

- dangerous 위험한   a lot 많은 것
- 독일 태생의 이론물리학자로 역사상 가장 위대한 물리학자 중 한 명으로 불리운다. 문구의 의미는 조금 알고 다 아는 것처럼 행동하는 것이 위험하듯이 너무 많이 알고 교만하면 그 또한 위험하다는 조언.

003
It is not the strongest of the species that survives, nor the most intelligent that survives. It is the one that is most adaptable to change. – *Charles Darwin*

 가장 강한 종이나 가장 똑똑한 종이 살아 남는 것은 아니다. 변화에 가장 잘 적응하는 종이 살아 남게 되는 것이다. – 찰스 다윈

- species (동물의) 종   survive 생존하다   be adaptable to~ …하는데 적응하다
- 19세기 영국의 생물학자로 진화론의 창시자로 유명하다. 위 문구는 그의 자연도태와 적자생존(the survival of the fittest) 이론을 압축한 문장으로 유명하다.

English Handwriting Practice

001

따라써보기 That's one small step for a man, one giant leap for mankind.

필사해보기

002

따라써보기 A little knowledge is a dangerous thing. So is a lot.

필사해보기

003

따라써보기 It is not the strongest of the species that survives, nor the most intelligent that survives. It is the one that is most adaptable to change.

필사해보기

02 과학자·의사

004
Our greatest weakness lies in giving up. The most certain way to succeed is always to try just one more time. – Thomas Edison

- 우리 최대의 약점은 포기하는 것이다. 성공으로 가는 가장 확실한 방법은 언제든지 한 번 더 시도해보는 것이다. - 토마스 에디슨

- weakness 약점 lie in …에 놓여있다 certain 확실한
- 미국의 발명가이자 사업가로 특히 발명왕으로 유명하다. 특히 천재는 1%의 영감과 99%의 노력으로 이루어진다라는 말을 한 것으로 잘 알려져 있다.

005
The most incomprehensible thing about the world is that it is at all comprehensible. – Albert Einstein

 이 세상에서 가장 이해할 수 없는 것은 이 세상을 이해할 수 있다는 말이다. -알버트 아인슈타인

- incomprehensible 이해할 수 없는
- 이 세상과 우주는 너무 정교하고 복잡다단한데, 인간의 이성과 과학으로 그걸 설명할 수 없다는 말이다.

006
Success is not the key to happiness. Happiness is the key to success. If you love what you are doing, you will be successful. – Albert Schweitzer

 성공이 행복의 열쇠는 아니다. 행복이 성공의 열쇠이다. 당신이 하는 일을 사랑한다면, 당신은 성공할 것이다. - 알버트 슈바이처

- be the key to~ …로 가는 열쇠이다 happiness 행복 success 성공
- 독일 태생의 프랑스 의사, 철학가. 생명에 대한 경외라는 그의 철학에 따라 아프리카에서 의료봉사를 하였으며 1952년 노벨평화상을 수상하였다. 행복없는 성공보다는 자신의 일을 사랑하고 즐기면 자연스럽게 성공한다는 의미.

English Handwriting Practice

004

따라써보기 Our greatest weakness lies in giving up. The most certain way to succeed is always to try just one more time.

필사해보기

005

따라써보기 The most incomprehensible thing about the world is that it is at all comprehensible.

필사해보기

006

따라써보기 Success is not the key to happiness. Happiness is the key to success. If you love what you are doing, you will be successful.

필사해보기

02 과학자·의사

007
Many of life's failures are people who did not realize how close they were to success when they gave up.
– Thomas Edison

 많은 인생의 실패는 사람이 포기할 때 자신이 성공에 얼마나 가까이 있는지 깨닫지 못하는 것이다. – 토마스 에디슨

- failure 실패 realize 깨닫다 give up 포기하다
- 성공의 가까운 곳에 도달했음에도 이를 깨닫지 못하고 포기하는 것을 경계하는 문구로 실패라는 가장 어두운 시기를 통과한 뒤에 성공이 뒤따른다는 의미이다.

008
When you are courting a nice girl an hour seems like a second. When you sit on a red hot cinder a second seems like an hour. That's relativity. – Albert Einstein

 아름다운 여자의 마음에 들려고 노력할 때는 1시간이 마치 1초처럼 흘러 간다. 그러나 뜨거운 난로 위에 앉아 있을 때는 1초가 마치 1시간처럼 느껴진다. 그것이 바로 상대성이다.
– 알버트 아인슈타인

- court 구애하다 seem like+명사 …처럼 보이다 redhot cinder 뜨거운 재 relativity 상대성
- 아인슈타인 대표 이론인 "상대성 이론"을 아주 쉽게 유머를 섞어 풀어 쓴 문구이다.

009
Science knows no country, because knowledge belongs to humanity, and is the torch which illuminates the world. – Louis Pasteur

 과학은 국경이 없다, 왜냐하면 지식은 인류에 속하며 세계를 비추는 햇불이기 때문이다.
– 루이 파스퇴르

- knowledge 지식 belong to~ …에 속하다 humanity 인류 torch 햇불 Illuminate 비추다
- 19세기 프랑스의 미생물학자로 세균의 존재를 입증해 위생적인 측면에서 인류역사상 커다란 족적을 남겼다. 이 문구는 과학은 특정 나라에 속하는 것이 아니라 모든 인류의 공동의 자산이라는 점을 강조하고 있다.

English Handwriting Practice

007

따라써보기 Many of life's failures are people who did not realize how close they were to success when they gave up.

필사해보기

008

따라써보기 When you are courting a nice girl an hour seems like a second. When you sit on a redhot cinder a second seems like an hour. That's relativity.

필사해보기

009

따라써보기 Science knows no country, because knowledge belongs to humanity, and is the torch which illuminates the world.

필사해보기

02 과학자·의사

010
To confine our attention to terrestrial matters would be to limit the human spirit. – Stephen Hawking

우리의 주의를 지상의 문제에만 국한시키는 것은 인간의 영혼을 제한하는 것이다.
– 스티븐 호킹

- confine 제한하다 terrestrial 지상의 matter 문제 limit 제한하다
- 영국의 저명한 물리학자. 신체적인 장애에도 불구하고 우주론과 천체물리학에 거대한 족적을 남기고 2018년 사망했다. 전공답게 인류는 지구를 넘어 우주에 대한 탐구를 해야 한다는 말.

011
Although the world is full of suffering, it is full also of the overcoming of it. – Helen Keller

세상은 고통으로 가득하지만, 한편 그것을 이겨내는 일로도 가득차 있다. – 헬렌 켈러

- be full of~ …으로 가득차다 suffering 고통 overcome 극복하다
- 미국의 작가, 교육가로 시각과 청각에 장애를 갖고 있음에도 불구하고 앤 설리번 선생의 도움으로 역경을 딛고 인권, 노동운동을 하였다. 이 글은 고통만 보지 말고 이를 이겨내는 인간정신을 언급하고 있다.

012
A person who never made a mistake never tried anything new. – Albert Einstein

실수를 한 적이 없는 사람은 새로운 시도를 해본 적이 없는 사람이다. – 알버트 아인슈타인

- make a mistake 실수하다
- 실패는 성장의 일부이니까 실패를 두려워하지 말고 새로운 시도를 계속하여 도전하며 성장해야 한다는 의미이다.

English Handwriting Practice

010
따라써보기 To confine our attention to terrestrial matters would be to limit the human spirit.

필사해보기

011
따라써보기 Although the world is full of suffering, it is full also of the overcoming of it.

필사해보기

012
따라써보기 A person who never made a mistake never tried anything new.

필사해보기

02 과학자·의사

013
The interpretation of dreams is the royal road to knowledge of the unconscious activities of the mind.
– Sigmund Freud

💡 꿈의 해석은 무의식의 세계를 이해하는 지름길이다. – 지그문트 프로이드

- **interpretation** 해석 **royal road** 왕도, 빠른 길 **unconscious** 무의식의
- 오스트리아의 심리학자로 정신분석학의 창시자이다. 20세기 사상에 빼놓고 논할 수 없는 인물로 인간의 무의식을 체계적으로 정립하였고 거의 모든 이론을 성적욕구와 연결지으려고 하였다.

014
Common sense is the collection of prejudices acquired by age eighteen. – Albert Einstein

💡 상식이란 18세까지 습득한 편견의 집합이다. – 알버트 아인슈타인

- **common sense** 상식 **collection** 모아놓은 것 **prejudice** 편견 **acquired** 습득된
- 어렸을 때 주변에서부터 주입된 여러 지식은 올바르지 않은 편견일 수도 있기 때문에 이를 타파하고 성인이 되어서는 자기 생각으로 세상을 바라보라는 글.

015
Do not grow old, no matter how long you live. Never cease to stand like curious children before the great mystery into which we were born. – Albert Einstein

💡 아무리 오래 살아도 늙지 말라. 우리가 태어난 이 위대한 신비 앞에서 호기심 많은 아이처럼 서기를 결코 멈추지 말라. – 알버트 아인슈타인

- **grow old** 나이먹어 늙다 **no matter how long~** 얼마나 오랫동안 …할지라도
  cease to+V …하기를 멈추다 **like+명사** …처럼 **curious** 호기심있는
- 아무리 물리적인 나이를 먹어 늙어도 아이처럼 삶에 대한 호기심과 경이로움에 호기심을 가지라는 의미이다.

English Handwriting Practice

013

따라써보기 The interpretation of dreams is the royal road to a knowledge of the unconscious activities of the mind.

필사해보기

014

따라써보기 Common sense is the collection of prejudices acquired by age eighteen.

필사해보기

015

따라써보기 Do not grow old, no matter how long you live. Never cease to stand like curious children before the great mystery into which we were born.

필사해보기

02 과학자·의사

016
Contentment is the only real wealth. – Alfred Nobel
💡 만족하는 것이야말로 유일한 부이다. – 알프레드 노벨

- contentment 만족 wealth 부
- 스웨덴의 발명가 겸 기업가. 다이너마이트를 발명하였고 노벨상을 제정한 인물. 많이 가져도 더 못가져서 불만족하면 가난한 것이고, 적게 가져도 지금에 만족한다면 그것이야말로 진정한 부자이다.

017
Imagination will often carry us to worlds that never were, but without it we go nowhere. – Carl Sagan
💡 상상력은 종종 우리를 결코 존재하지 않았던 세계로 이끈다. 하지만 그것 없이는 우리는 어디에도 가지 못한다. – 칼 세이건

- imagination 상상력 carry ~to~ …을 …로 데려다주다
- 세계에서 가장 유명한 20세기 미국의 천문학자, 천체과학자로 〈코스모스〉라는 책을 저술하였다. 전공답게 상상력이야말로 모든 발전의 시작이라고 말하고 있다.

018
Try not to become a man of success but rather try to become a man of value. – Albert Einstein
💡 성공한 사람이 되려 하지 말고, 가치 있는 사람이 되도록 노력하라. – 알버트 아인슈타인

- try to+V …하려고 노력하다 a man of success 성공한 사람 rather 그러기보다는 a man of value 가치있는 사람
- 돈만 많고 그래서 교만한 성공한 사람이 되기 보다는 타인에게 도움이 되고 사회에 의미있는 사람이 되라는 의미이다.

English Handwriting Practice

016

따라써보기 Contentment is the only real wealth.

필사해보기

017

따라써보기 Imagination will often carry us to worlds that never were, but without it we go nowhere.

필사해보기

018

따라써보기 Try not to become a man of success but rather try to become a man of value.

필사해보기

02 과학자·의사

019
Never underestimate your own ignorance. – Albert Einstein

 네 자신의 무지를 절대 과소평가해서는 안된다. – 알버트 아인슈타인

- underestimate 평가절하하다 own 자기 자신의 ignorance 무지
- 자신의 무지를 인지하고 끊임없이 배우려는 자세를 가지라는 문구이다. 프랑스의 유명한 문고판 전집의 이름이 〈Que sais-Je?〉(나는 무엇을 알고 있는가? : What do I know?)인데, 이는 회의주의적 시각에서 나온 불어문장으로 "나는 아는 것이 없다"라는 의미로 해석된다.

020
Ignorance more frequently begets confidence than does knowledge. – Charles Darwin

 무지는 지식보다 자신감을 더 자주 야기한다. – 찰스 다윈

- ignorance 무지 frequently 자주 beget 야기하다 confidence 자신감
- 쉽게 말하자면 잘 모르는 사람이 그릇된 확신을 가지고 있고 지식이 많은 사람은 더 신중하고 겸손하다는 의미이다.

021
Never give up on what you really want to do. The person with big dreams is more powerful than one with all the facts. – Albert Einstein

당신이 정말로 하고 싶은 것을 포기하지 마라. 큰 꿈을 가진 사람은 모든 사실을 알고 있는 사람보다 더 강하다. – 알버트 아인슈타인

- give up on~ …을 포기하다 fact 사실
- 많은 정보와 지식을 갖고 있는 사람도 중요하지만, 그보다 더 중요한 것은 커다란 꿈과 비전을 갖고 있는 사람이 세상의 발전에 더 기여할 수 있다는 의미.

English Handwriting Practice

019
따라써보기 Never underestimate your own ignorance.

필사해보기

020
따라써보기 Ignorance more frequently begets confidence than does knowledge.

필사해보기

021
따라써보기 Never give up on what you really want to do. The person with big dreams is more powerful than one with all the facts.

필사해보기

02 과학자·의사

022

Life is like riding a bicycle. To keep your balance, you must keep moving. – Albert Einstein

💡 인생은 자전거를 타는 것과 같다. 넘어지지 않기 위해, 당신은 끊임없이 움직여야 한다.
– 알버트 아인슈타인

- be like ~ing … 하는 것과 같다   keep one's balance 균형을 유지하다
- 자전거를 멈추지 말고 계속 움직이게 해야 한다. 비록 느린 속도로 갈 때 좌우로 흔들려도 말이다. 인생도 그와 같아 힘들고 위태위태하더라도 정지하지 말고 계속 앞으로 나아가야 한다는 말이다.

023

The best and most beautiful things in the world cannot be seen or even touched. They must be felt with the heart. – Helen Keller

💡 세상에서 가장 아름답고 최고의 것은 눈으로 볼 수도 손으로 만질 수도 없다. 가슴으로 느껴져야만 한다.
– 헬렌 켈러

- be touched 만져지다   be felt with …으로 느껴지다
- 시각과 청각 그리고 언어장애까지 있었던 헬렌 켈러의 명언. 진정으로 아름답고 소중한 것은 눈에 보이지 않고 오직 마음으로만 느낄 수 있다는 문구이다.

024

One, remember to look up at the stars and not down at your feet. Two, never give up work. Work gives you meaning and purpose and life is empty without it. Three, if you are lucky enough to find love, remember it is there and don't throw it away. – Stephen Hawking

💡 첫째, 발 아래를 내려다보지 말고 별을 올려다보아야 한다는 것을 기억하라. 둘째, 절대로 일을 포기하지 마라. 일은 의미와 목적을 제공하며, 일이 없으면 인생은 공허하다. 셋째, 운좋게 사랑을 찾았다면 그 사랑을 버리지 말고 기억하라. – 스티븐 호킹

- remember to~ …할 것을 기억하다   look up at~ 고개를 들어 …을 쳐다보다   give up 포기하다   purpose 목적   empty 비워있는   throw away 집어던지다
- 주변의 사소한 일에 얽매이지 말고 별을 바라보며 호기심과 상상력을 키우고 삶의 의미와 목적을 주는 일을 하고 진정한 사랑을 만났다면 소중히 여기라는 글이다.

English Handwriting Practice

022

따라써보기 Life is like riding a bicycle. To keep your balance, you must keep moving.

필사해보기

023

따라써보기 The best and most beautiful things in the world cannot be seen or even touched. They must be felt with the heart.

필사해보기

024

따라써보기 One, remember to look up at the stars and not down at your feet. Two, never give up work. Work gives you meaning and purpose and life is empty without it. Three, if you are lucky enough to find love, remember it is there and don't throw it away.

필사해보기

02 과학자·의사

> **025** **Life is short, the art long, opportunity fleeting, experiment treacherous, judgment difficult. The physician must not only be prepared to do what is right himself, but also to make the patients, attendants, and externals cooperate.** – *Hippocrates*

💡 인생은 짧고 예술은 길다. 기회는 한순간이고 실험은 신뢰할 수 없다. 그래서 판단은 어렵기만 하다. 의사는 자신이 진실해야 하고 또 환자, 간호인, 그 외 외부인이 서로 협력하게 할 수 있는 준비가 돼 있어야 한다. – 히포크라테스

- **fleeting** 순식간의, 덧없는 **experiment** 실험 **treacherous** 기만적인, 위험한 **judgment** 판단 **physician** 내과의사 **be prepared to~** …을 준비하다 **attendant** 돌보는 사람 **external** 외부인
- 고대 그리스 의사로 보통 의학의 아버지라고 불리며 의사들이 의사가 될 때 의사로서의 윤리적 책임을 다짐하는 히포크라테스 선서를 한다. 지금도 통할 문구로 의료기술뿐만 아니라 주변 그리고 외부 사람들과의 협력이 중요함을 역설하고 있다.

English Handwriting Practice

025

따라써보기 Life is short, the art long, opportunity fleeting, experiment treacherous, judgment difficult. The physician must not only be prepared to do what is right himself, but also to make the patients, attendants, and externals cooperate.

필사해보기

03 시인·소설가·화가·음악가

We don't stop playing because we grow old; we grow old because we stop playing. - George Bernard Shaw

💡 우리가 늙어서 노는 것을 멈추는 것이 아니라, 노는 것을 멈추기 때문에 나이가 늙는다.
- 조지 버나드 쇼

- stop ~ing …하는 것을 멈추다   grow old 나이들다
- 아일랜드 출신의 소설가이자 극작가로 많은 명언을 남긴 것으로 유명하다. 1925년 노벨문학상을 수상하였다. 이 글은 요즘 많은 실버세대가 귀담아 들어야 할 말로, 늙어도 젊었을 때의 열정을 잃지 말고 적극적으로 살라는 의미이다.

You will face many defeats in life, but never let yourself be defeated. - Maya Angelou

💡 인생에서 많은 패배에 직면하겠지만 결코 패배하지 말라. - 마야 안젤루

- face 직면하다   let yourself be~ 너 자신이 …되도록 두지마라
- 미국의 시인으로 오프라 윈프리와 더불어 미국에서 가장 영향력 있는 흑인 여성으로 알려져 있다. 이 글은 자신이 흑인 여성으로서 고통을 받으며 살아온 삶을 통해서 나온 말로, 인생에서 수많은 고난과 역경이 있겠지만 그럴 때마다 주저 앉지 말고 다시 일어나 앞으로 가야 한다는 의미이다.

It is only with the heart that one can see rightly; what is essential is invisible to the eye. - Antoine de Saint-Exupery

💡 사람은 오로지 가슴으로만 올바르게 볼 수 있다. 본질적인 것은 눈에 보이지 않는다.
- 생텍쥐베리

- It is only ~ that~ 오직 …로만 …을 할 수 있다   essential 본질적인   be invisible to~ …에 보이지 않는다
- 프랑스의 위대한 작가 겸 비행사로 그의 작품은 인간의 본질과 삶에 대한 깊은 성찰을 담고 있다. 대표작으로 〈어린 왕자〉가 있다. 이 글은 겉으로 보이는 피상적인 것들이 진실이 아닐 수도 있으나, 정말 우정, 사랑, 감정 등 본질적인 것들은 눈에 보이지 않으며, 마음으로만 느낄 수 있다는 의미이다.

English Handwriting Practice

001

따라써보기 We don't stop playing because we grow old; we grow old because we stop playing.

필사해보기

002

따라써보기 You will face many defeats in life, but never let yourself be defeated.

필사해보기

003

따라써보기 It is only with the heart that one can see rightly; what is essential is invisible to the eye.

필사해보기

03 시인·소설가·화가·음악가

004
He knows nothing; he thinks he knows everything - that clearly points to a political career. - George Bernard Shaw

 그는 아무것도 모르지만, 모든 걸 안다고 생각한다 - 이건 분명 정치인의 자질이다.
- 조지 버나드 쇼

- clearly 단연코, 분명히 point to~ …을 가리키다
- 요즘 정치현실을 떠올리면 탁 무릎을 치면서 '그렇지'라고 할 수 있는 명언이다. 무얼 설명하랴. 정치계에 발을 들여놓는 사람들에게 요구되는 첫번째 사항은 "영혼이 없어야 한다"라는 점만 기억해두면 된다.

005
I pay no attention to anybody's praise or blame. I simply follow my own feelings. - Wolfgang Amadeus Mozart

 다른 사람이 칭찬을 하든지 비난을 하든지 나는 개의치 않는다. 다만 내 감정에 충실할 뿐이다. - 볼프강 아마데우스 모짜르트

- pay no attention to~ …에 관심을 기울이지 않다 praise 칭찬 blame 비난
  follow one's own feelings 자기 자신의 감정에 따르다
- 서양 음악사에서 가장 위대한 작곡가 중의 한 명. '음악의 천재 작곡가'로 불렸으며 천재라는 단어는 바로 이런 사람에게 붙여야 한다. 이 글은 궁정의 요구에 맞춘 작곡가와 달리 내면의 독창적인 영감을 받아 진정한 예술작품을 만들었다는 것을 짐작케하는 명언이다.

006
Everyone thinks of changing the world, but no one thinks of changing himself. - Leo Tolstoy

 세상의 많은 사람들이 세상을 바꿔야 한다고 생각한다. 하지만 자신을 먼저 바꾸려 하지 않는다. - 레오 톨스토이

- think of ~ing …할 생각을 하다
- 도스토옙스키와 함께 러시아 문학의 양대산맥. 〈전쟁과 평화〉, 〈안나 카레니나〉 등의 대작을 집필하였다. 세상을 바꾸려면 먼저 자신의 내면을 변화시키고 양심에 따른 삶을 살아야 한다는 글귀이다.

English Handwriting Practice

004

따라써보기 He knows nothing; he thinks he knows everything - that clearly points to a political career.

필사해보기

005

따라써보기 I pay no attention to anybody's praise or blame. I simply follow my own feelings.

필사해보기

006

따라써보기 Everyone thinks of changing the world, but no one thinks of changing himself.

필사해보기

03 시인·소설가·화가·음악가

007 **We must believe in luck. For how else can we explain the success of those we don't like?** – *Jean Cocteau*

💡 우리는 운이 존재한다는 걸 믿어야 한다. 그렇지 않고서야 우리가 싫어하는 사람들의 성공을 어떻게 설명할 수 있겠는가? – 장 콕토

- believe in …가 있다고 믿다 for S+V …하기 때문에 explain 설명하다
- 다재다능한 프랑스의 시인, 소설가, 극작가, 그리고 영화감독. 〈무서운 아이들〉이 대표적인 소설이다. 타인의 성공을 운으로 돌리는 인간의 약함은 객관적 진실조차 왜곡할 수 있다는 점을 반어법적으로 말하고 있다.

---

008 **Love does not consist in gazing at each other, but in looking together in the same direction.** – *Antoine de Saint-Exupery*

💡 사랑은 두 사람이 마주 쳐다보는 것이 아니라 함께 같은 방향을 바라보는 것이다. – 생텍쥐베리

- consist in …으로 구성되다 gaze at …을 응시하다 in the same direction 같은 방향으로
- 사랑은 서로만을 바라다보는 데에만 국한되는 것이 아니라 둘이 공동의 목표와 꿈을 갖고 앞을 보면서 같이 미래로 나아가는 것이라는 뜻이다.

---

009 **Believe only half of what you see and nothing that you hear.** – *Edgar Allan Poe*

💡 본 것은 절반만 믿고, 들은 것은 아예 하나도 믿지 말라. – 애드거 앨런 포

- only half of~ …의 절반만
- 19세기 미국문학을 대표하는 시인이자 소설가. 시로는 〈애너벨 리〉, 그리고 단편소설인 〈모르그 가의 살인사건〉, 〈검은 고양이〉 등이 유명하다. 이 글은 세상에 보이는 것들과 떠도는 말들이 얼마나 허구인가를 역설적으로 말하고 있다.

English Handwriting Practice

007

따라써보기 ▶ We must believe in luck. For how else can we explain the success of those we don't like?

필사해보기

008

따라써보기 ▶ Love does not consist in gazing at each other, but in looking together in the same direction.

필사해보기

009

따라써보기 ▶ Believe only half of what you see and nothing that you hear.

필사해보기

03 시인·소설가·화가·음악가

010
It is better to fail in originality than to succeed in imitation. – Herman Melville

💡 모방해서 성공하기보다는 독창성에서 실패하는 것이 낫다. – 허먼 멜빌

- fail in …에서 실패하다 originality 독창성 succeed 성공하다 imitation 모방
- 미국의 소설가이자 시인으로 대표작으로는 바다에 나가 고래를 잡는 소설 〈백경〉이 있다. 원제인 〈Moby Dick〉 그리고 선장인 에이해브(Ahab)의 이름이 더 알려져 있다. 위 문구는 일반적인 글로 바꾸면 타인을 따라해서 성공의 자락을 잡기보다는 실패하더라도 독창적으로 그리고 창의적으로 하는 일에 임해야 한다는 말이 된다.

011
Experience is simply the name we give our mistakes. – Oscar Wilde

💡 경험이란 우리가 실수에 붙이는 이름일 뿐이다. – 오스카 와일드

- experience 경험 mistake 실수
- 아일랜드 출신의 작가로 "예술을 위한 예술," 즉 유미주의를 주창한 독특한 예술가이다. 〈도리안그레이의 초상〉이 작가 이름보다 더 친숙할 정도로 유명하다. 이 글도 얼핏 봐도 교훈적인 명언은 아니다. 경험이라고 멋지게 포장하지만 실은 우리가 한 실수들에 불과하다는 냉소적인 뉘앙스가 깔려 있다.

012
Our greatest glory is not in never falling, but in rising every time we fall. – Oliver Goldsmith

💡 우리에게 있어 최고의 영광은 한 번도 실패하지 않는 것이 아닌, 실패할 때마다 다시 일어서는 것이다. – 올리버 골드스미스

- glory 영광 be in ~ing …하는데 있다 fall 넘어지다
- 역시 아일랜드 출신의 18세기 소설가, 극작가 겸 시인. 종교적 신념이 강한 작가로 대표작으로는 〈웨이크필드의 목사〉가 있다. 그는 여기서 인간이 세상을 살면서 좌절과 실패를 겪지 않을 수 없지만 그를 극복하고 다시 일어서 나아가는 게 진정한 영광이라고 말하고 있다.

English Handwriting Practice

010

따라써보기 It is better to fail in originality than to succeed in imitation.

필사해보기

011

따라써보기 Experience is simply the name we give our mistakes.

필사해보기

012

따라써보기 Our greatest glory is not in never falling, but in rising every time we fall.

필사해보기

03 시인·소설가·화가·음악가

013
No human being can really understand another, and no one can arrange another's happiness. - *Graham Greene*

💡 사람은 아무도 다른 사람을 정말로 이해할 수 없고, 아무도 다른 사람의 행복을 만들어 줄 수 없다. - 그레이엄 그린

- **human being** 인간 **arrange** 마련해주다
- 20세기 영국의 소설가이자 문학평론가. 영화화되어 히트친 〈제 3의 사나이〉를 집필한 사람이 바로 그레이엄 그린이다. 이 글은 인간은 처절한 고독 속에서 살 수밖에 없고, 행복 또한 자기 스스로 내면에서 만들어야 한다는 비애를 말하고 있다.

014
Develop success from failures. Discouragement and failure are two of the surest stepping stones to success. - *Dale Carnegie*

💡 실패로부터 성공을 창조하라. 좌절과 실패는 성공으로 가는 가장 확실한 디딤돌이다.
- 데일 카네기

- **develop** 개발하다, 발전하다 **success** 성공 **failure** 실패 **discouragement** 낙담, 좌절 **the surest** 가장 확실한 **stepping stone** 디딤돌
- 철강왕 카네기와 성이 똑같아 헷갈릴 수 있다. 데일 카네기는 최초로 요즘 유행하는 자기계발서를 만들었다고 할 수 있다. 노력에 정비례하지 않고 계속 좌절과 실패를 겪는 사람에게 도움이 되는 글이다.

015
Great things are not done by impulse, but by a series of small things brought together. - *Vincent van Gogh*

💡 위대한 일은 한 번에 이루어지는 것이 아니라, 작은 일들이 모여 이루어지는 것이다.
- 빈센트 반 고흐

- **impulse** 충동 **a series of~** 일련의… **brought together** 함께 모여진
- 네덜란드의 화가로 서양 미술사상 가장 위대한 화가 중 한 사람으로 정신질환으로 37세의 젊은 나이에 요절하였다. 이 글은 그의 실제 경험에서 나온 말로 위대한 일은 한순간에 오는 것이 아니라 작은 일들이 모여서 이루어진다는 의미이다.

English Handwriting Practice

013

따라써보기 No human being can really understand another, and no one can arrange another's happiness.

필사해보기

014

따라써보기 Develop success from failures. Discouragement and failure are two of the surest stepping stones to success.

필사해보기

015

따라써보기 Great things are not done by impulse, but by a series of small things brought together.

필사해보기

03 시인·소설가·화가·음악가

016
To err is human; to forgive, divine. – Alexander Pope
💡 실수하는 것은 인간적인 일이고, 용서하는 것은 신적인 일이다. – 알렉산더 포프

- err 실수하다 human 인간적인 forgive 용서하다 divine 신성한
- 17세기 영국의 대표적인 시인으로 이 명언은 영문법이나 영어독해 책에 자주 등장하는 아주 친숙한 문장이다. 인간은 누구나 실수를 하지만 이를 용서하는 것은 신의 영역처럼 실로 어려운 덕목이라는 뜻이다. 인간의 불완전함을 나타내고 있다.

017
Only those who will risk going too far can possibly find out how far one can go. – T.S. Eliot
💡 너무 멀리 가는 위험을 감수하는 사람만이 얼마나 멀리 갈 수 있는지를 알 수 있다.
– T.S. 엘리엇

- risk ~ing …하는 위험을 감수하다 go too far 지나치게 멀리 가다 find out (어떤 사실을) 알아내다
- 미국 태생의 영국 시인으로 1948년 노벨문학상을 수상한 역사상 위대한 작가 중 한 명이다. 대표작으로 〈황무지〉가 있다. 자신의 한계에 도전하여 끊임없이 앞으로 나아가며 자신의 가능성을 펼쳐보이라는 말이다.

018
The man who does not read books has no advantage over the one who cannot read them. – Mark Twain
💡 책을 읽지 않는 사람은 읽을 수 없는 사람과 아무런 차이가 없다. – 마크 트웨인

- advantage 이점 the one who cannot read them[books] = illiterate 글을 모르는 사람, 문맹
- 문학에 관심이 없는 사람도 알만한 대중적인 인기가 높은 미국의 작가로 대표작으로 〈톰 소여의 모험〉이 있다. 단순히 독서의 중요성을 강조한 문장이다.

English Handwriting Practice

016

따라써보기 To err is human; to forgive, divine.

필사해보기

017

따라써보기 Only those who will risk going too far can possibly find out how far one can go.

필사해보기

018

따라써보기 The man who does not read books has no advantage over the one who cannot read them.

필사해보기

03 시인·소설가·화가·음악가

019 **He who has never failed cannot be great. Failure is the true test of greatness.** - Herman Melville

💡 한 번도 실패하지 않은 사람은 위대할 수 없다. 실패는 위대함의 진정한 시험이다. - 허먼 멜빌

- **fail** 실패하다 **true test** 진정한 시험 **greatness** 위대함
- 극단적으로 말하면 실패는 성공의 일부이며, 즉 꼭 거쳐가야 하는 과정이기 때문에 좌절하지 말라고 실패하는 사람들에게 하는 위로의 말이다.

---

020 **Action is the foundational key to all success.** - Pablo Picasso

💡 행동하는 것은 모든 성공의 기본적인 요소이다. - 파블로 피카소

- **foundational** 기본적인 **key to~** …로 가는 열쇠
- 현대미술의 거장, 20세기를 대표하는 화가 등 화려한 수식이 전혀 과하지 않은 천재화가. 대표작으로는 〈게르니카〉가 있다. 계획만 하고 있지 말고 직접 행동하라는 그래야 성공할 수 있다는 명언.

---

021 **A life spent making mistakes is not only honorable, but more useful than a life spent doing nothing.**
- George Bernard Shaw

💡 실수하며 보낸 인생은 아무것도 하지 않고 보낸 인생보다 훨씬 존경스러울 뿐 아니라 훨씬 유용하다. - 버나드 쇼

- **a life spent ~ing** …하면서 보낸 삶 **make a mistake** 실수하다 **honorable** 존경스러운 **useful** 유용한
- 역시 실패를 자주 하는 사람에게 도움이 되는 문구. 실패를 두려워하지 말고 그리고 실패하더라도 계속 삶에 도전하라고 권하는 의미의 문장이다.

English Handwriting Practice

019

따라써보기 He who has never failed cannot be great. Failure is the true test of greatness.

필사해보기

020

따라써보기 Action is the foundational key to all success.

필사해보기

021

따라써보기 A life spent making mistakes is not only honorable, but more useful than a life spent doing nothing.

필사해보기

03 시인·소설가·화가·음악가

022 **Study without desire spoils the memory, and it retains nothing that it takes in.** – Leonardo da Vinci

> 목적없는 공부는 기억에 해가 될 뿐이며, 머릿속에 들어온 어떤 것도 간직하지 못한다.
> – 레오나르도 다빈치

- spoil 망치다, 해가 되다 memory 기억 retain 간직하다 take in 받아들이다, 섭취하다
- 르네상스시대 이탈리아가 낳은 다재다능한 위대한 천재 미술가, 조각가, 건축가, 해부학자, 과학자. 〈모나리자〉, 〈최후의 만찬〉 등이 대표작. 요즘 청소년에게도 해당되는 명언으로 억지로 공부하는 것보다는 정말 배우고 싶은 마음으로 학습에 임해야 한다는 말이다. 몇백년 전인데 지금 우리에게도 정확히 들어맞는 것을 보면 인간사 어디나 언제나 똑같다는 생각이 든다.

---

023 **Everybody talks about the weather, but nobody does anything about it.** –Mark Twain

> 모두들 날씨에 대해 떠들어대지만, 실제로 뭔가를 할 수 있는 사람은 아무도 없다.
> – 마크 트웨인

- talk about …에 관해 얘기하다
- 사람들 모두가 날씨에 대해 얘기하지만 실제로 날씨에 관해 우리가 할 수 있는 것은 아무것도 없다. 말은 많이 하지만 실천하지 못하는 인간의 모순된 모습을 날카롭게 짚어낸 글이다.

---

024 **It's never too late to be what you might have been.**
– George Eliot

> 당신이 될 수도 있었던 사람이 되기에 결코 늦은 때란 없다. – 조지 엘리엇

- be what you might have been 과거에 당신에 될 수도 있었던 그런 사람이 되다
- 반복되는 실패와 좌절에 후회하거나 절망하지 말고 지금이라도 다시 일어나 자신이 진정으로 바랐던 자신이 될 수 있도록 노력하라는 말이다.

English Handwriting Practice

022

따라써보기 Study without desire spoils the memory, and it retains nothing that it takes in.

필사해보기

023

따라써보기 Everybody talks about the weather, but nobody does anything about it.

필사해보기

024

따라써보기 It's never too late to be what you might have been.

필사해보기

03 시인·소설가·화가·음악가

025
Age is an issue of mind over matter. If you don't mind, it doesn't matter. – Mark Twain

💡 나이는 마음의 문제일 뿐이다. 당신이 신경 쓰지 않으면 나이는 중요하지 않다. - 마크 트웨인

- **issue of mind** 정신의 문제, 마음의 문제　**matter** 일, 상황, (정신에 반대되는 의미) 물질　**mind** (동사) 신경쓰다　**matter** (동사) 중요하다
- 나이는 숫자에 불과하다에 딱 들어맞는 표현이다. 뭔가 하기에 중요한 것은 나이가 아니라 뭔가 하겠다는 열정이라는 말이다.

026
The fool doth think he is wise, but the wise man knows himself to be a fool. – William Shakespeare

💡 어리석은 사람은 자신이 지혜롭다고 생각하지만, 지혜로운 사람은 자신이 바보임을 안다.
- 윌리엄 셰익스피어

- **doth** 고어로 3인칭 단수 does임.　**a fool** 어리석은 사람
- 영국을 대표하는 역사상 가장 위대한 극작가로 〈햄릿〉, 〈맥베스〉 등 많은 작품을 남겼으며 아직까지도 많은 영향력을 끼치고 있다. 대부분의 사람들이 그렇듯 어리석은 사람은 자신이 대단하다고 생각하고 정말 현명한 자는 자신이 모르는 것이 많음을 알고 겸손하다는 말.

027
If you ask for too much, you lose even that which you have. – Isaac Asimov

💡 너무 많은 것을 요구하면 가진 것마저 잃게 됩니다. - 아이작 아시모프

- **ask for** 요구하다(demand)　**lose** 잃다
- 20세기 소련출신의 미국 작가, 화학박사로 SF소설의 거장으로 불린다. 욕심을 너무 부리면 가지고 있는 것도 잃을 수 있다는 글로 인간의 탐욕을 경계하는 문구이다.

English Handwriting Practice

025
따라써보기 Age is an issue of mind over matter. If you don't mind, it doesn't matter.

필사해보기

026
따라써보기 The fool doth think he is wise, but the wise man knows himself to be a fool.

필사해보기

027
따라써보기 If you ask for too much, you lose even that which you have.

필사해보기

03 시인·소설가·화가·음악가

028
The darker the night, the brighter the stars, the deeper the grief, the closer is God! – *Fyodor Dostoevsky*

💡 밤이 깊을수록 별은 더 밝게 빛나고, 슬픔이 깊을수록 신은 더 가까이 계신다. – 도스토옙스키

- bright 밝은 grief 슬픔
- 톨스토이와 더불어 러시아를 대표하는 문호. 〈가난한 사람들〉, 〈죄와 벌〉 그리고 〈카라마조프 형제들〉 등의 명작을 남겼다. 이 문구는 고통 속에서 비로소 희망을 발견하게 되고 신의 존재를 더욱 가까이 느끼게 된다는 의미이다.

029
If you don't walk today, you will have to run tomorrow. – *Fyodor Dostoevsky*

💡 오늘 걷지 않으면, 내일은 뛰어야 할 것이다. – 표도르 도스토옙스키

- have to~ …해야 한다
- 간단히 말해서 "오늘 할 일을 내일로 미루지 말라"는 말이다. 지금 게으름을 부리면 내일이 더 힘들어질 수 있다는 뜻이다.

030
The welfare of the people in particular has always been the alibi of tyrants. – *Albert Camus*

💡 특히 국민의 복지(포퓰리즘)는 항상 폭군(독재자)의 알리바이였다. – 알베르 카뮈

- welfare 복지 in particular 특히 alibi 변명, 구실 tyrant 독재자
- 20세기 프랑스를 대표하는 실존주의 작가. 〈이방인〉으로 세계적으로 큰 명성을 얻었다. 이 글은 지금의 우리 시대에도 잘 적용되는 명구이다. 자신의 탐욕으로 독재를 하면서도 입으로는 항상 '국민'을 위한다고 영혼없이 외치는 정치가, 권력자를 생각해보면 된다.

English Handwriting Practice

028

따라써보기 The darker the night, the brighter the stars, the deeper the grief, the closer is God!

필사해보기

029

따라써보기 If you don't walk today, you will have to run tomorrow.

필사해보기

030

따라써보기 The welfare of the people in particular has always been the alibi of tyrants.

필사해보기

03 시인·소설가·화가·음악가

031 **We can know only that we know nothing. And that is the highest degree of human wisdom.** - *Leo Tolstoy*

 우리가 알 수 있는 유일한 것은 아는 것이 없다는 것이다. 그리고 이것은 인간의 최고 수준의 지혜이다. - 톨스토이

- **degree** 정도 **wisdom** 지혜
- 인간과 자연의 본질은 너무 심오해서 완전히 이해할 수 없다. 따라서 우리는 "나는 아무것도 모른다"라는 깨달음이야말로 지혜의 시작이며, 그것이 인간이 도달할 수 있는 최고의 지혜라는 뜻이다.

---

032 **Our doubts are traitors and make us lose the good we often might win by fearing to attempt.** - *William Shakespeare*

 우리의 의심은 반역자여서, 흔히 얻을 수도 있는 행복을 두려워하게 함으로써 잃게 만든다. - 윌리엄 셰익스피어

- **doubt** 의심 **traitor** 반역자 **lose** 잃다 **fear to** …하기를 두려워하다 **attempt** 시도하다
- 자기 자신의 무한한 잠재적 능력을 포기하지 말라는 글이다. 다시 말하면 자신감 없는 의심과 두려움이 우리가 발전할 수 있는 많은 가능성을 가로막는다는 의미이다.

---

033 **One who wants to wear the crown, bears the crown.**
- *William Shakespeare*

 왕관을 쓰고자 하는 자는 그 무게를 견뎌야 한다. - 윌리엄 셰익스피어

- **wear** 입다, 쓰다 **crown** 왕관 **bear** …을 견디다, 참다
- 무슨 말을 하랴… 자신의 탐욕과 이익 추구에 함몰된 우리 정치인, 권력가들이 이 말을 잘 새겨들었다면 그리고 듣는다면 우리 국민들의 삶이 더 풍요로워졌을 텐데 말이다. ㅠㅠ

English Handwriting Practice

031

따라써보기 We can know only that we know nothing. And that is the highest degree of human wisdom.

필사해보기

032

따라써보기 Our doubts are traitors and make us lose the good we often might win by fearing to attempt.

필사해보기

033

따라써보기 One who wants to wear the crown, bears the crown.

필사해보기

03 시인·소설가·화가·음악가

034

I have no faith in human perfectibility. I think that human exertion will have no appreciable effect upon humanity. Man is now only more active -not more happy -nor wiser, than he was 6000 years ago.
- Edgar Allan Poe

💡 나는 사람의 완전함에 대해 아무런 믿음도 없다. 나는 인간의 노력이라는 것이 인류에 큰 영향을 미치리라 생각하지 않는다. 인간은 지금 단지 더 바빠졌을 뿐, 6,000년 전보다 더 행복하거나 현명해진 것은 아니다. - 애드거 앨런 포

- **have no faith in~** …에 믿음이 없다 **perfectibility** 완결성 **exertion** 노력 **appreciable effect** 주목할 만한 효과
- 별로 추천하고 싶지 않은 명언. 비판적이고 냉소적이었던 포가 역사에 대해서 한 말로 우리의 삶이 겉보기에는 조금 바쁘게 돌아가게 되었지만 인간은 본질적으로 바꿔지지 않았다는 의미이다.

035

A great writer is, so to speak, a second government in his country. And for that reason, no regime has ever loved great writers, only minor ones. - Alexander Solzhenitsyn

 위대한 작가는 말하자면 자기 나라에서는 제2의 정부이다. 그래서 어떤 정권도 위대한 작가를 좋아한 적은 없으며, 오직 별볼일 없는 작가만을 좋아했을 뿐이다. - 알렉산더 솔제니친

- **so to speak** 말하자면 **for that reason** 그런 이유로 **regime** 정부, 정권 **minor** 중요하지 않은
- 20세기 러시아를 대표하는 작가중의 한 명으로 스탈린 체제를 비난하여 수용소에 갇히고 그 경험을 바탕으로 한 〈이반 데니소비치의 하루〉라는 대표작이 있다. 1970년 노벨상을 수상하였다. 이 글은 작가는 진실을 말함으로써 권력에 대항하여야 한다는 그의 지론이 담겨 있다.

English Handwriting Practice

034

따라써보기 I have no faith in human perfectibility. I think that human exertion will have no appreciable effect upon humanity. Man is now only more active -not more happy -nor wiser, than he was 6000 years ago.

필사해보기

035

따라써보기 A great writer is, so to speak, a second government in his country. And for that reason, no regime has ever loved great writers, only minor ones.

필사해보기

04 사업가·스포츠맨·자기계발강연자

001
The people who are crazy enough to think they can change the world are the ones who do. - Steve Jobs

 자신이 세상을 바꿀 수 있다고 믿을 정도로 미친 사람들이 결국 세상을 바꾸는 사람들이다.
- 스티브 잡스

- enough to~ …할 정도로 충분한   do 여기서는 앞의 change을 의미하는 대동사이다.
- 21세기 혁신의 아이콘으로 애플의 공동 창업자인 스티브 잡스의 명언. 현실에 안주하지 말고 남들이 봤을 때는 미쳤다고 할 정도로 기존의 현실적인 틀을 깨고 비현실적이라고 할 정도의 꿈을 믿고 창의적으로 행동하는 사람이 되라고 조언하는 문구이다.

002
It is not the mountain we conquer but ourselves.
- Edmund Hillary

 우리가 정복하는 것은 산이 아니라 우리 자신이다. - 에드먼드 힐러리

- conquer 정복하다
- 인류 역사상 최초로 에베레스트 정상 등정에 성공한 뉴질랜드 산악인. 이 말은 겉으로는 외형적인 정복이 아니라, 실은 자신의 내면의 두려움과 한계를 극복하는 것이 진정한 승리임을 말한다.

003
The game isn't over till it's over. - Yogi Berra

경기는 끝날 때까지 끝난 게 아니다. - 요기 베라

- ain't be동사의 부정형 구어체로 isn't 대신 ain't를 쓰기도 한다.   be over 끝나다
- 미국 메이저리그 뉴욕양키즈의 전설적인 포수의 명언. "포기하지 말고 끝까지 최선을 다하라"는 메시지를 단순하지만 인상 깊게 전달한다.

English Handwriting Practice

001

따라써보기 The people who are crazy enough to think they can change the world are the ones who do.

필사해보기

002

따라써보기 It is not the mountain we conquer but ourselves.

필사해보기

003

따라써보기 The game isn't over till it's over.

필사해보기

04 사업가·스포츠맨·자기계발강연자

004
The only place where success comes before work is a dictionary. – Vidal Sassoon

 성공(success)이 일(work)보다 먼저 나오는 유일한 곳은 사전이다. – 비달 사순

- come before~ …앞에 오다
- 세계적인 헤어 디자이너이자 혁신가로 자신의 이름을 딴 브랜드로도 유명하다. 이 문장은 언어유희(pun)를 통해 "성공은 노력보다 앞설 수 없다"는 단순하지만 강력한 진리를 재치 있게 전달한다.

005
The only way to do great work is to love what you do.
– Steve Jobs

 위대한 일을 하는 유일한 방법은 자신이 하는 일을 사랑하는 것이다. – 스티브 잡스

- do great work 위대한 일을 하다
- 일에 대한 사랑과 열정 없이는 그 어떠한 창의적이고 위대한 일을 해낼 수 없다. 이 말은 스티브 잡스가 자신의 삶과 철학을 반영한 명언이다.

006
The best way to predict the future is to create it.
– Peter Drucker

 미래를 예측하는 가장 좋은 방법은 그것을 창조하는 것이다. – 피터 드러커

- predict 예측하다   create 창조하다, 만들다
- 오스트리아 출신의 20세기 저명한 미국 경영학자. 미래를 수동적으로 앉아서 기다리며 걱정만 하지 말고, 자기 주도적으로 그리고 창의적으로, 열정적으로 행동하면서 미래를 만들어가라는 의미.

English Handwriting Practice

004
따라써보기 The only place where success comes before work is a dictionary.

필사해보기

005
따라써보기 The only way to do great work is to love what you do.

필사해보기

006
따라써보기 The best way to predict the future is to create it.

필사해보기

04 사업가·스포츠맨·자기계발강연자

007
Someone's sitting in the shade today because someone planted a tree a long time ago. – Warren Buffett

 오늘 누군가가 그늘에 앉아 쉴 수 있는 이유는 오래 전에 누군가가 나무를 심었기 때문이다.
– 워렌 버핏

- shade 그늘 plant 심다
- 지금도 생존하며 사람들 사이에 자주 회자되는 미국의 전설적인 투자가. 우리가 지금 풍요로운 사회를 누리는 것은 지난 사람들의 노력 덕분이라는 말로, 투자적인 관점에서 말하자면 단타에 올인하지 말고 자신처럼 장기적인 수익성 높은 우량주에 투자하라는 말이다.

008
If you really want to do something, you'll find a way. If you do not, you'll find an excuse. – Jim Rohn

 무언가를 정말 하고 싶다면, 당신은 방법을 찾을 것이다. 그렇지 않다면 변명을 찾을 것이다.
– 짐 론

- find a way 길을 찾다 find an excuse 변명거리를 찾다
- 상대적으로 덜 알려진 인물이지만 자기계발과 리더쉽 등의 성공학 분야에서 탁월한 활동을 하고 있는 인물이다. 이글은 의지에 관한 것으로 능력보다 열정적인 의지만 있다면 어떻게든 방법을 찾을 수 있다고 격려하는 문구이다.

009
I believe that one of life's greatest risks is never daring to risk. – Oprah Winfrey

 조금도 위험을 감수하지 않는 것이 인생에서 가장 위험한 일일 것이라 믿는다. – 오프라 윈프리

- risk 위험 dare to~ 과감히 …을 하다
- 미국의 흑인여성 방송인. 자신이 이름을 딴 〈Oprah Winfrey Show〉를 20여년 이상 진행하며 세계적인 셀렙이 되었다. 이 글은 실패를 두려워하지 말고 도전하라는 강력한 메시지이다.

English Handwriting Practice

007
따라써보기 Someone's sitting in the shade today because someone planted a tree a long time ago.

필사해보기

008
따라써보기 If you really want to do something, you'll find a way. If you do not, you'll find an excuse.

필사해보기

009
따라써보기 I believe that one of life's greatest risks is never daring to risk.

필사해보기

04 사업가·스포츠맨·자기계발강연자

010
I never dreamed about success. I worked for it.
– Estee Lauder

💡 나는 성공을 꿈꿔본 적이 없다. 나는 그것을 위해 일을 했다. – 에스테 로더

- dream about~ …에 관해 꿈을 꾸다   work for~ …을 위해 일하다
- 미국의 사업가로 자신의 이름을 딴 화장품 회사를 차려 지금도 백화점 1층에서 그의 이름을 볼 수가 있다. 20세기 가장 영향력을 끼친 사람 중 한 사람. 성공하는 꿈만 꾸지 말고 자신의 일에 미친듯이 행동하고 실천한다면 어느새 성공이 옆에 와 있을 거라는 의미이다.

011
The only thing worse than starting something and failing… is not starting something. – Seth Godin

💡 무언가를 시작하고 실패하는 것보다 더 나쁜 것은 아무것도 시작하지 않는 것이다. – 세스 고딘

- worse than~ …보다 더 나쁜
- 자기계발 분야에서 활약하고 있는 미국의 기업인. 앞의 오프라의 말과 일맥상통하는 것으로 아무것도 하지 않는 것보다 뭔가 시작해서 실패하는 게 그래서 경험을 쌓는 게 더 낫다는 뜻이다.

012
Do not be afraid to give up the good to go for the great. – John D. Rockfeller

💡 더 위대한 것을 추구하기 위해 좋은 것을 버리는 것을 두려워하지 마라. – 존 록펠러

- be afraid to~ …하는 것을 두려워하다   give up 포기하다
- 미국의 저명한 사업가이자 대부호. 특히 석유 산업으로 부를 축적하여 석유왕으로 불리우기도 한다. 이 문구는 더 큰 것을 얻기 위해서는 지금 현재의 안정적인 만족에 안주하지 말라는 말로 더 크게 꿈꾸고 도전하라는 말이다.

English Handwriting Practice

010
따라써보기 I never dreamed about success. I worked for it.

필사해보기

011
따라써보기 The only thing worse than starting something and failing... is not starting something.

필사해보기

012
따라써보기 Do not be afraid to give up the good to go for the great.

필사해보기

04 사업가·스포츠맨·자기계발강연자

013
Float like a butterfly, sting like a bee. - Muhammad Ali
나비처럼 가볍게 날고 벌처럼 날카롭게 쏘아라. - 무하마드 알리

- float 가볍게 떠나니다, 날다   butterfly 나비   sting like~ …처럼 쏘다
- 전설적인 흑인 복서, Muhammad Ali의 명언으로 그의 경쾌한 발걸음과 예리한 펀치를 비유한 말이다. 이 문장은 「맵고 민첩한 움직임」을 두고 표현할 때 자주 인용된다. 특히 인생에 있어서도 때로는 부드럽게 접근하다가도 결정적인 순간에는 단호하고 강하게 행동해야 함을 암시하는 말로 해석되기도 한다.

014
History is more or less bunk. - Henry Ford
역사는 어느 정도 쓸모없는 것이다. - 헨리 포드

- more or less 다소간은, 얼마간은   bunk 쓸데없는 헛소리
- 미국의 기업인으로 세계 최초로 자동차 대량생산에 성공한 사람. 포드 자동차 회사가 바로 그가 창립한 기업이다. 이 말은 역사를 부정하는 것이 아니라 그보다는 과거에 집착하지 말고 현재와 미래의 일에 더 집중하라는 기업인 다운 말이다.

015
You can learn a little from victory; you can learn everything from defeat. - Christy Mathewson
승리에서는 조금을 배우지만 패배에서는 모든 것을 배울 수 있다. - 크리스티 매튜슨

- learn 배우다   victory 승리   defeat 패배
- 미국 메이저리그의 전설적인 투수이자 감독. 명예의 전당에 헌액된 최초의 5인 중 한 명이다. 운동선수인 만큼 하루하루 승패에 깊이 영향을 받았을 것이다. 이 말은 패배하면 자신의 약점이나 실수에 직면하고 이를 토대로 성장과 발전의 기회가 된다는 의미이다.

English Handwriting Practice

013

따라써보기 Float like a butterfly, sting like a bee.

필사해보기

014

따라써보기 History is more or less bunk.

필사해보기

015

따라써보기 You can learn a little from victory; you can learn everything from defeat.

필사해보기

04 사업가·스포츠맨·자기계발강연자

016
Fashions fade - style is eternal. - Yves Saint Laurent

 패션은 사라지지만 스타일은 영원하다. - 이브 생 로랑

- **fade** 사라지다 **eternal** 영원한
- 프랑스가 배출한 20세기 최고의 패션 디자이너. 앞의 비달 사순이나 에스터 로더처럼 자신의 이름으로 브랜드를 가지고 있다. 패션은 일시적이지만 개인적인 개성과 감각 등의 스타일, 즉 자신만의 멋은 시간이 지나도 변화하지 않는다는 의미이다.

017
If there are poor people on the moon, we will go there too. - Mother Teresa

 가난한 사람이 있는 곳이라면 달까지라도 찾아갈 것이다. - 테레사 수녀

- **go there too** 역시 그곳으로 가다
- 없어진 국가인 유고슬라비아 출신의 로마 카톨릭 수녀로 주로 인도에서 활동하며 빈민과 병자들을 위해 봉사활동을 하였다. 1979년 노벨평화상을 받았다. 이 문구는 그의 사랑과 봉사가 필요한 곳이라면 어디든 가겠다는 신념의 표현.

018
Your time is limited, don't waste it living someone else's life. - Steve Jobs

당신의 시간은 한정되어 있다. 남의 삶을 살며 시간을 낭비하지 마라. - 스티브 잡스

- **be limited** 한정되어 있다 **waste** 낭비하다
- 모든 사람들의 인생은 자기 자신의 것으로 타인의 기대나 기분에 얽매여 시간을 낭비하지 말고 스스로의 열정과 가치에 따라 자기 삶을 살라고 하는 문구로 2005년 스탠퍼드 대학 졸업식에서 한 말이다.

English Handwriting Practice

016

따라써보기 Fashions fade - style is eternal.

필사해보기

017

따라써보기 If there are poor on the moon, we will go there too.

필사해보기

018

따라써보기 Your time is limited, don't waste it living someone else's life.

필사해보기

04 사업가·스포츠맨·자기계발강연자

019
Growing old is mandatory. Growing up is optional.
- Chili Davis

💡 나이 드는 것은 강제적이다. 철드는 것은 선택사항이다. - 칠리 데이비스

- grow old 나이가 들다 mandatory 강제적인 grow up 성장하다, 철들다 optional 선택적인
- 자메이카 출신의 미국 메이저리그 선수 그리고 현역 코치. 이 말은 칠리 데이비스가 한 말로 유명하지만 종종 누가 말했는지 모르는 명언으로도 알려져 있다. 의미는 나이가 드는 것은 누구에게나 주어지는 생물학적 사실이지만, 그 나이에 걸맞게 책임있는 어른이 되는 일은 각자의 선택이라는 점을 강조하고 있다. 나이는 숫자일 뿐, 정신적으로 어떻게 사느냐가 중요하다는 뜻이다.

020
Only I can change my life, no one can do it for me.
- Carol Burnett

 내 인생을 바꿀 수 있는 사람은 나뿐이다. 아무도 그걸 대신해 줄 수 없다. - 캐롤 버넷

- change one's life …의 인생을 바꾸다
- 미국의 영화배우이자 코미디언으로 자신의 이름을 딴 〈The Carol Burnett Show〉를 11년간 진행하였다. 이 말은 자기 인생의 주인공은 본인으로 남이 아닌 '자기 자신'이 스스로 개척해서 만들어내야 한다는 문구이다.

021
He can run, he can't hide. - Joe Louis

 도망칠 수는 있어도 숨을 수는 없다. - 조 루이스

- hide 숨다
- "뛰어봤자 내 손바닥 안이다." "너 오늘 죽었어, 맛 좀 봐라." 한시대를 풍미했던 갈색 폭격기(Brown Bomber)로 잘 알려진 미국권투선수인 Joe Louis 선수가 한 말. 의역하자면 인생에서 순간의 고통을 피해 일시적으로 도망칠 수는 있겠지만 결국은 마주쳐야 된다는 말이다. 정면승부로 역경을 뚫고 지나가라는 문구이다.

English Handwriting Practice

019

따라써보기 Growing old is mandatory. Growing up is optional.

필사해보기

020

따라써보기 Only I can change my life, no one can do it for me.

필사해보기

021

따라써보기 He can run, he can't hide.

필사해보기

04 사업가·스포츠맨·자기계발강연자

022
Don't wait. The time will never be just right. – Napoleon Hill

 기다리지 마라. 시간은 기다려주지 않는다. – 나폴레옹 힐

- **wait** 기다리다 **be right** 완벽하게 알맞다, 정확히 적절하다
- 미국의 세계적인 성공학 연구자로 많은 사람들이 인생의 목표를 세우고 개인적 성과를 달성할 수 있도록 동기부여를 하였다. 이 문구는 완벽을 추구하며 책상에 앉아 인생을 계획만 하지 말고, 우선 용기를 갖고 행동하면서 인생을 개척하라는 말이다.

023
The mirror is my best friend because when I cry it never laughs. – Charlie Chaplin

 거울은 나의 가장 좋은 친구다. 내가 울 때 거울은 절대 웃지 않기 때문이다. – 찰리 채플린

- **mirror** 거울 **laugh** 웃다
- 영국의 배우, 코미디언, 영화감독으로 무성영화시대의 활약한 천재. 이 말은 인생에서 슬플 때조차 거울은 나를 비웃지 않고, 조용히 자신을 비추어줄 뿐이라는 의미이다. 자신을 비난하거나 조소하지 않고 있는 그대로의 자신을 받아주는 거울을 보고서 위로를 찾았다는 의미이다.

024
Life is a tragedy when seen in close-up, but a comedy in long-shot. – Charlie Chaplin

인생은 가까이서 보면 비극이지만, 멀리서 보면 희극이다. – 찰리 채플린

- **tragedy** 비극 **in close-up** 가까이서 보면 **in long-shot** 멀리서 보면
- 지금의 아픔과 고통은 너무 커서 자기 인생의 모두인양 비극적으로 생각하지만, 지나고 나면 다 별것이 아니고 웃으면서 얘기할 수 있는 경험이 있는 사람이라면 쉽게 이해될 것이다. 눈 앞의 고통에 얽매이지 말고 더 큰 시야로 인생의 순간순간을 봐야 한다는 의미이다.

English Handwriting Practice

022

따라써보기 Don't wait. The time will never be just right.

필사해보기

023

따라써보기 The mirror is my best friend because when I cry it never laughs.

필사해보기

024

따라써보기 Life is a tragedy when seen in close-up, but a comedy in long-shot.

필사해보기

04 사업가·스포츠맨·자기계발강연자

025
You just can't beat the person who never gives up.
– Babe Ruth

 결코 포기하지 않는 사람을 이길 수는 없습니다. – 베이브 루스

- beat 패배시키다　give up 포기하다
- 미국의 뉴욕 양키스에 뛰었던 전설적인 프로야구 선수로 역사상 가장 위대한 선수로 여겨진다. 역시 승패에 민감한 스포츠 선수답게, 이 말은 인생에서 성공하는 사람은 단순한 능력의 소유자가 아니라 포기하지 않고 계속 도전하는 사람이라는 의미이다.

026
There is no use whatever trying to help people who do not help themselves. You cannot push anyone up a ladder unless he is willing to climb himself. – Andrew Carnegie

 스스로 자신을 돕지 않는 사람은 아무리 도와봐야 소용이 없다. 스스로 올라가려고 하지 않는 사람을 밀어서 사다리 위로 올려 보낼 수는 없는 법이니까. – 앤드류 카네기

- There is no use ~ing …해봤자 소용없다　push 밀다　ladder 사다리　unless …하지 않는다면(if~ not)
  be willing to~ 기꺼이 …하다
- 성공한 사람들이 늘상 하는 말. 도전하려는 그래서 성공하려는 의지가 없는 사람은 구제불능이라는 의미이다. 노력을 하는 의지가 있어야만 주위의 도움도 받을 수 있다는 뜻.

English Handwriting Practice

025

따라써보기: You just can't beat the person who never gives up.

필사해보기:

026

따라써보기: There is no use whatever trying to help people who do not help themselves. You cannot push anyone up a ladder unless he is willing to climb himself.

필사해보기:

04 사업가·스포츠맨·자기계발강연자

027
I've missed more than 9,000 shots in my career. I've lost almost 300 games. 26 times I've been trusted to take the game winning shot and missed. I've failed over and over and over again in my life. And that is why I succeed. – *Michael Jordan*

 나는 선수 생활 동안 9,000번이 넘는 슛을 놓쳤다. 거의 300 경기에서 졌고, 26번이나 승부를 결정지을 슛을 맡았지만 모두 놓쳤다. 나는 내 삶에서 계속해서 실패했다. 그리고 그게 바로 내가 성공한 이유이다. – 마이클 조던

- **miss** 놓치다 **shot** 슛 **career** 경력 **lose** 잃다, 지다 **over and over again** 여러 번 반복해서 **that's why~** 그래서 …하다
- 미국의 전설적인 농구선수. NBA 역사상 가장 위대한 선수 중의 한명으로 1980~90년대 농구의 세계화에 크게 공헌하였다. "실패는 성공의 어머니"라는 명구를 자신의 경험담에 비추어 쉽게 풀어썼다.

028
Your work is going to fill a large part of your life, and the only way to be truly satisfied is to do what you believe is great work. And the only way to do great work is to love what you do. If you haven't found it yet, keep looking. Don't settle. As with all matters of the heart, you'll know when you find it. – *Steve Jobs*

 당신의 일은 인생에서 큰 부분을 차지할 것이다. 진정으로 만족할 수 있는 유일한 방법은, 당신이 위대한 일이라고 믿는 일을 하는 것이다. 그리고 위대한 일을 하기 위한 유일한 방법은 당신이 하는 일을 사랑하는 것이다. 아직 찾지 못했다면 계속해서 찾아라. 현실에 안주하지 마라. 마음과 관련된 모든 일이 그렇듯, 그 일을 찾으면 알게 될 것이다. – 스티브 잡스

- **fill** 차지하다 **the only way to~** …할 유일한 길, 방법 **keep ~ing** 계속해서 …하다 **settle** 안주하다 **as with all matters of the heart** 마음과 관련된 모든 문제에 있어서처럼
- 드라마틱한 삶을 살았던 그리고 거대한 업적으로 남긴 스티브 잡스 답게 자신의 경험에서 여러 명언을 만들어낸다. 그가 미친 열정으로 자신의 삶을 성공적으로 마무리했듯이 자신에게 맞는 그래서 자신이 사랑할 수 있는 일에 열정을 쏟으라고 하는 주문이다.

English Handwriting Practice

027

따라써보기 ▶ I've missed more than 9,000 shots in my career. I've lost almost 300 games. 26 times I've been trusted to take the game winning shot and missed. I've failed over and over and over again in my life. And that is why I succeed.

필사해보기

028

따라써보기 ▶ Your work is going to fill a large part of your life, and the only way to be truly satisfied is to do what you believe is great work. And the only way to do great work is to love what you do. If you haven't found it yet, keep looking. Don't settle. As with all matters of the heart, you'll know when you find it.

필사해보기

CHAPTER 02

위대한 작품속 위대한 명구들

위대한 예술가들은 위대한 작품을 통해
자신의 생각이나 철학을 말하곤 한다.
여기서는 아직까지도 불후의 명작으로 평가받는 시와
소설 속의 명구들, 그리고 영화와 미드, 뮤지컬의
감동적인 명대사를 뽑아 정리하였다.

---

01 시·소설

02 영화

03 미드

04 뮤지컬

01 시·소설

001

April is the cruelest month, breeding Lilacs out of the dead land, mixing memory and desire, stirring dull roots with spring rain. – ⟨The Waste Land⟩ by T.S. Eliot

💡 4월은 가장 잔인한 달, 죽은 땅에서 라일락을 키워내고, 추억과 욕정을 뒤섞으며, 봄비로 무딘 뿌리를 흔들어 깨운다. – T.S. 엘리엇의 ⟨황무지⟩

- **cruel** 잔인한 **breed** 키워내다, 피워내다, 싹트게 하다 **mix** 섞다 **stir** 휘젓다, 흔들어 깨우다 **dull roots** 무딘 뿌리
- 황무지에서 봄이 오는 4월을 연상하면서 쓴 ⟨황무지⟩의 첫 구절. 봄이 온다는 것은 새로운 생명이 태어나기도 하지만 또한 과거의 억압된 추억과 욕망, 그리고 아픔 등도 같이 깨어나는 계절이기에 잔인한 달로 표현하였다.

002

To be, or not to be, that is the question. – ⟨Hamlet⟩ by Shakespeare

💡 죽느냐 사느냐, 그것이 문제로다. – 윌리엄 셰익스피어의 ⟨햄릿⟩

- **be** 존재하다(exist) **question** 문제
- ⟨Hamlet⟩에서 삶과 사랑에 대해서 고민하지만 우유부단하기 짝이 없는 주인공 햄릿이 하는 말. 특히 to be or not to be는 to smoke or not to smoke와 같이 be 자리에 동사만 바꿔가며 다양하게 인용되고 있다.

003

A ship in the harbor is safe, but that is not what ships are built for. – ⟨Salt from My Attic⟩ by John A. Shedd

💡 항구에 정박해 있는 배는 안전하다. 그러나 그것이 배가 만들어진 이유는 아니다. – 존 A. 셰드의 ⟨내 다락방에서 온 소금⟩

- **harbor** 항구 **that is not what~** 그건 …한 것이 아니다
- 편안함에 머물지 말고 바다로 나아가, 즉 삶에 뛰어들어 도전하고 그리고 실패해도 또 도전해서 원하는 것을 성취하라는 의미이다. 20세기 초 미국의 작가로 이 글귀 외에는 별로 알려진 정보가 없는 특이한 경우이다.

English Handwriting Practice

001
따라써보기 April is the cruelest month, breeding Lilacs out of the dead land, mixing memory and desire, stirring dull roots with spring rain.

필사해보기

002
따라써보기 To be, or not to be, that is the question.

필사해보기

003
따라써보기 A ship in the harbor is safe, but that is not what ships are built for.

필사해보기

01 시·소설

004
All grown-ups were once children… only a few of them remember it. – ⟨The Little Prince⟩ by Antoine de Saint-Exupéry

 모든 어른들은 한때 아이였다… 그러나 그 사실을 기억하는 어른은 많지 않다. – 생텍쥐페리의 ⟨어린 왕자⟩

- grown-ups 성인들 once 한때 remember 기억하다
- 생텍쥐베리의 대표작 ⟨어린왕자⟩에 나오는 유명한 문장으로, 사람들 모두 어린 시절이 있었지만 어른이 되어서는 그 때의 순수함과 호기심을 잃고 일상화되어 사무적으로 살아가는 현실을 비판한 글이다.

005
Big Brother is watching you. – ⟨1984⟩ by George Orwell

 빅 브라더는 당신을 지켜보고 있다. – 조지 오웰의 ⟨1984⟩

- Big Brother 빅 브라더, 독재자   watch (자세히) 쳐다보다
- 영국 작가 George Orwell이 다가올 미래를 부정적인 시각에서 독재사회로 그린 그의 소설 ⟨1984년⟩에서 사용한 말. 이 문장은 "국가권력이 개인의 사생활을 항시 감시하고 있다"란 얘기. 한 집단내의 "권력계층이 감시의 눈길을 떼지않고 있다"는 의미로 폭넓게 인용된다.

006
All for one, one for all. – ⟨Three Musketeers⟩ by Alexandre Dumas pere

모두는 하나를 위해, 하나는 모두를 위해. – 알렉상드르 뒤마의 ⟨삼총사⟩

- all 모두   one 하나
- 낭만과 음모로 가득찬 중세시대, 호쾌한 네 기사(騎士)의 종횡무진 활약상을 그린 삼총사(Three Musketeers)는 프랑스의 소설가 알렉상드로 뒤마 뻬르(Alexandre Dumas pere)의 작품. 이 문장은 소설 속에서 청년 달타냥과 삼총사가 구호처럼 부르짖던 말이다. 삼총사의 우정과 연대를 상징하는 구호이며, 협력과 단결의 상징으로 널리 쓰인다. 원문의 불어로는 Tous pour un, un pour tous. 여기서 tous는 영어로 all이다. 그래서 현실로 잠시 넘어와 우리 주변에서 Tous Les Jours라는 상호를 볼 수 있는데, 이를 글자그대로 영어로 바꾸면 All the Days가 된다.

English Handwriting Practice

004

따라써보기 All grown-ups were once children... only a few of them remember it.

필사해보기

005

따라써보기 Big Brother is watching you.

필사해보기

006

따라써보기 All for one, one for all.

필사해보기

01 시·소설

007
The empty vessel makes the greatest sound.
– 〈Henry V〉 by Shakespeare

 빈 그릇이 가장 큰 소리를 낸다. – 윌리엄 셰익스피어의 〈헨리 5세〉

- **empty** 빈, 비어 있는 **vessel** 용기, 그릇 **make a sound** 소리를 내다
- 우리말 "빈 수레가 요란하다"에 해당되는 문장이다. 얕은 지식의 사람들은 보통 그것을 감추기 위해 장황하게 그리고 화려하게 떠들어낸다는 말이다. 반대로 정말로 지혜가 있는 사람은 조용하고 겸손하다는 의미.

008
The only way to get rid of a temptation is to yield to it. – 〈The Picture of Dorian Gray〉 by Oscar Wilde

 유혹을 없애는 유일한 방법은 유혹에 굴복하는 것이다.
– 오스카 와일드의 〈도리안 그레이의 초상〉

- **get rid of** 제거하다(remove) **temptation** 유혹 **yield to** 굴복하다, 양보하다
- "예술을 위한 예술"을 주창한 탐미주의자의 입에서 나온 문장이다. 그렇다고 욕망에 굴복하여 타락한 삶을 살라고 조장한 글이라기 보다는, 욕망을 억제하면 더 욕망이 커지기 때문에 역설적으로 그것을 받아들이고 나면 더 이상 욕망에 휘둘리지 않게 된다는 말이다.

009
I am no bird; and no net ensnares me: I am a free human being with an independent will.
– 〈Jane Eyre〉 by Charlotte Bronte

 나는 새가 아니며, 어떤 그물도 나를 가둘 수 없다. 나는 자유로운 인간이며, 독립적인 의지를 가지고 있다. – 샬럿 브론테의 〈제인에어〉

- **net** 그물 **ensnare** 그물로 가두다 **human being** 인간 **independent** 독립적인 **will** 의지
- 19세기 영국을 대표하는 여성 소설가로 브론테 자매 중 맏언니이다. 이 부분은 그녀의 대표작 〈제인에어〉에 나오는 것으로 당시 여성에 대한 사회적 억압에 맞서 "여성의 자립과 자유에 대한 강렬한 표현"이다.

English Handwriting Practice

007
따라써보기 The empty vessel makes the greatest sound.

필사해보기

008
따라써보기 The only way to get rid of a temptation is to yield to it.

필사해보기

009
따라써보기 I am no bird; and no net ensnares me: I am a free human being with an independent will.

필사해보기

01 시·소설

010

So we beat on, boats against the current, borne back ceaselessly into the past. – ⟨The Great Gatsby⟩ by F. Scott Fitzgerald

💡 우리는 과거로 끊임없이 떠밀리면서도, 물살을 거슬러 노를 저어 나아간다.
– F. 스콧 피츠제럴드의 ⟨위대한 개츠비⟩

- **beat on** 노를 계속 젓다 **current** 물살 **borne back** 떠밀려 돌아가다 'borne back'은 수동형으로, 동사 "bear"의 과거분사 **ceaselessly** 끊임없이 **the past** 과거
- 미국의 소설가로 헤밍웨이, 포크너와 ⟨함께 잃어버린 세대⟩를 대표하는 작가로 대표작 ⟨위대한 개츠비⟩는 20세기 최고의 작품 중의 하나로 꼽힌다. 이 문장은 이 소설의 마지막 문장으로 과거에서 벗어날 수 없는 인간의 한계를 단적으로 표현하고 있다.

011

He jests at scars that never felt a wound.
– ⟨Romeo and Juliet⟩ by Shakespeare

💡 상처를 받아본 적이 없는 자만이 상처를 조롱한다.
–윌리엄 셰익스피어의 ⟨로미오와 줄리엣⟩

- **jest at** 비웃다 **scar** 흉터, 상처 **wound** 상처
- 유명한 발코니 장면 직전의 상황으로 로미오는 자신의 친구인 머큐시오가 줄리엣에 대한 사랑으로 고통받고 있는 자신을 비웃자 그에게 하는 말이다. 아픔이나 고통을 겪어본 사람만이 다른 사람의 고통을 이해할 수 있다는 말이다.

012

Things without all remedy should be without regard; What's done is done. – ⟨The Tragedy of Macbeth⟩ by Shakespeare

💡 어차피 해결할 수 없는 일이라면, 마음에 두지 말라. 이미 저지른 일은 어쩔 수 없다. – 윌리엄 셰익스피어의 ⟨멕베스⟩

- **remedy** 치료, 해결(책) **regard** 관심, 배려
- 셰익스피어의 ⟨멕베스⟩에서 왕을 살해하고 괴로워하는 멕베스 장군에게 독하고 야망이 넘치는 멕베스 부인이 하는 말이다. 해결(remedy)책이 없는, 즉 돌이킬 수 없는 일은 더 이상 고려(regard)하지 말아야, 즉 자책하거나 주저하지 말고 계속 앞으로 나아가야 한다는 의미이다. 욕망과 죄의식 사이의 갈등을 보여주는 상징적인 문장이다.

English Handwriting Practice

010

따라써보기 So we beat on, boats against the current, borne back ceaselessly into the past.

필사해보기

011

따라써보기 He jests at scars that never felt a wound.

필사해보기

012

따라써보기 Things without all remedy should be without regard; What's done is done.

필사해보기

01 시·소설

013

Have I not reason to lament what man has made of man? – ⟨Lines Written in Early Spring⟩ by William Wordsworth

💡 인간이 인간을 만든 그 결과를 내가 어찌 슬퍼하지 않을 수 있겠는가?
– 윌리엄 워즈워드의 ⟨이른 봄에 쓴 시⟩

- Have I not reason to~? …하지 않을 수 있겠는가?   lament 슬퍼하다   what man has made of man 인간이 인 가을 무엇으로 만들어 놓았는가
- ⟨초원의 빛⟩으로 유명한 영국 낭만주의 시인이다. 이 구절은 평화와 조화를 이루기보다는 전쟁과 분열, 그리고 산업화 와 욕망 등으로 파괴적인 세상을 만들고 있는 인간을 보면서 깊은 슬픔과 좌절을 표현하고 있다.

014

No pain, no gain. If little labour, little are our gains: Man's fate is according to his pains. – ⟨Hesperides⟩ by Robert Herrick

 고통 없이는 얻는 것도 없다. 노력이 적으면 얻는 것도 적고, 인간의 운명은 그의 수고에 따라 비례한다. – 로버트 허릭의 ⟨헤스페리데스⟩

- gain 얻다   labo(u)r 노동, 노력   fate 운명   be according to~ … 에 따르다
- 17세기 영국의 서정시인. 원하는 것을 얻기 위해서는 반드시 노력을 해야 하고 인간의 운명은 얼마나 노력을 했는지에 따라 판가름 난다는 의미.

015

There is no crueler tyranny than that which is perpetuated under the shield of law and in the name of justice. – ⟨The Spirit of Laws⟩ by Montesquieu

 법이라는 방패 아래, 정의라는 이름으로 계속되는 폭정보다 더 잔인한 폭정은 없다.
– 몽테스키외의 ⟨법의 정신⟩

- cruel 잔인한   tyranny 폭정   perpetuate 영속시키다   shield 방패   justice 정의
- 프랑스의 법률가, 역사가로 계몽주의 시대의 대표적인 인물로 삼권분립을 최초로 주장한 그리고 익명으로 출간한 ⟨법 의 정신⟩이 유명하다. 멀리 가지 않고 우리나라의 정치풍토를 보면 자연 이해될 말이다.

English Handwriting Practice

013

따라써보기 Have I not reason to lament what man has made of man?

필사해보기

014

따라써보기 No pain, no gain. If little labour, little are our gains: Man's fate is according to his pains.

필사해보기

015

따라써보기 There is no crueler tyranny than that which is perpetuated under the shield of law and in the name of justice.

필사해보기

01 시·소설

016
Man only likes to count his troubles; he doesn't calculate his happiness. – ⟨The Brothers Karamazov⟩ by Fyodor Dostoevsky

 인간은 오직 자신의 고통만을 셈하고, 자신의 행복은 계산하지 않는다.
 - 표도르 도스토옙스키의 ⟨카라마조프 가의 형제들⟩

- **count** 포함하다 **trouble** 고통 **calculate** 계산하다
- 우리가 흔히 범하기 쉬운 모순을 지적하고 있다. 고통과 불만 등 부정적인 면만 확대 해석하고 지금 자신이 누리고 있는 행복은 외면하는 인간의 심리를 날카롭게 지적한 말이다.

017
Here is my secret. It is very simple: it is only with the heart that one can see rightly; what is essential is invisible to the eye. – ⟨The Little Prince⟩ by Antoine de Saint-Exupéry

 여기 내 비밀이 있어. 아주 간단한 거야. 오직 마음으로 보아야 잘 보여. 중요한 것은 눈에 보이지 않아. - 생텍쥐페리의 ⟨어린 왕자⟩

- **secret** 비밀 **invisible** 보이지 않는
- 여우가 어린왕자에게 하는 말로 작품 전체의 주제를 엿볼 수 있다. 사랑, 우정, 믿음 같은 본질적이고 진정한 가치는 눈으로는 보이지 않고 마음으로 봐야 한다는 의미이다.

018
The bird that flies high sees the farthest.
– ⟨Jonathan Livingston Seagull⟩ by Richard Bach

 높이 나는 새가 멀리 본다. - 리처드 바크의 ⟨갈매기의 꿈⟩

- **fly high** 높이 날다 **see the farthest** 멀리 보다
- 미국의 소설가이자 비행사로 소설, ⟨갈매기의 꿈; Jonathan Livingston Seagull⟩으로 세계적인 명성을 얻었다. 자신의 한계에 머무르지 말고 도전 정신으로 더 높은 곳을 향하면 더 많은 것을 성취할 수 있다는 의미.

English Handwriting Practice

016

따라써보기 Man only likes to count his troubles; he doesn't calculate his happiness.

필사해보기

017

따라써보기 Here is my secret. It is very simple: it is only with the heart that one can see rightly; what is essential is invisible to the eye.

필사해보기

018

따라써보기 The bird that flies high sees the farthest.

필사해보기

01 시·소설

019
A man does not fight against nature, he lives within it.
– 〈The Old Man and the Sea〉 by Hemingway

 인간은 자연과 싸우는 것이 아니라, 자연 속에서 살아가는 존재이다. – 헤밍웨이의 〈노인과 바다〉

- fight against …에 대항하여 싸우다
- 20세기 문학에 많은 영향을 끼친 미국의 소설가로 1954년 노벨상을 수상하였다. 이 구절은 인간과 자연과의 관계를 설명하며, 인간은 자연과 함께 더불어 살아야 한다는 주장을 담은 문구이다.

020
Man is not made for defeat. A man can be destroyed but not defeated. – 〈The Old Man and the Sea〉 by Hemingway

 인간은 파멸당할 수는 있어도, 패배하도록 만들어지지 않았다. – 헤밍웨이의 〈노인과 바다〉

- be made for~ …하도록 만들어지다   defeat 패배   destroy 파괴시키다
- 인간은 고난과 역경 속에서도 육체적으로 파멸당할지언정 정신적으로는 패배하지 않는다는 불굴의 인간 정신을 강조하는 문장이다.

021
The devil can cite Scripture for his purpose.
– 〈Merchant of Venice〉 by Shakespeare

 악마도 자신의 목적을 위해 성경을 인용한다. – 셰익스피어의 〈베니스의 상인〉

- devil 악마   cite 인용하다   Scripture 성경   purpose 목적
- 고리대금업자 샤일록이 성경을 인용하면서 자신의 행동을 정당화하려고 하자 주인공 안토니오가 비난하면서 하는 말이다. 성경을 인용한다고 해서 그 사람이 반드시 선한 것은 아니라는 경계의 문구이다.

English Handwriting Practice

019

따라써보기 A man does not fight against nature, he lives within it.

필사해보기

020

따라써보기 Man is not made for defeat. A man can be destroyed but not defeated.

필사해보기

021

따라써보기 The devil can cite Scripture for his purpose.

필사해보기

01 시·소설

022
It is a truth universally acknowledged, that a single man in possession of a good fortune, must be in want of a wife. – 〈Pride and Prejudice〉 by Jane Austen

💡 재산 많은 독신 남성은 반드시 아내를 원한다는 사실은, 누구나 인정하는 보편적인 진리다.
 – 제인 오스틴의 〈오만과 편견〉

- universally 보편적으로   acknowledged 인정받는   fortune 재산, 부   be in want of~ …을 원하다
- 영국을 대표하는 작가 중 한 명으로 18세기 말과 19세기 초 중상류층 여성들의 삶과 인간관계를 묘사한 소설가이다. 이 문장은 결혼과 재산에 대한 사회적 풍자를 담고 있다.

023
Everything's got a moral, if only you can find it.
– 〈Alice in Wonderland〉 by Lewis Carroll

💡 모든 것에는 교훈이 있다. 그것을 찾을 수만 있다면.
 – 루이스 캐럴의 〈이상한 나라의 앨리스〉

- moral 교훈   find 찾다
- 영국의 수학자이자 작가인 찰스 루트위지 도지슨이 Lewis Caroll이라는 필명으로 1865년에 발표한 소설. 우리가 경험하는 것, 비록 그것이 고통과 슬픔일지라도 모든 것으로부터 교훈이나 의미를 찾을 수 있다는 현명한 말씀.

024
Who controls the past controls the future. Who controls the present controls the past. – 〈1984〉 by George Orwell

💡 과거를 지배하는 자가 미래를 지배하며 현재를 지배하는 자가 과거를 지배한다.
 – 조지 오웰의 〈1984〉

- control 통제하다   past 과거   present 현재   future 미래
- 오늘날의 정치사회현실을 보면 와닿은 문구. 권력을 가진 자가 과거를 바꾸고 현실을 은폐하여 미래까지 지배한다는 말로 요즘 역사왜곡, 뉴스조작, 여론조작 등을 떠올리면 이해가 빠를 것이다.

English Handwriting Practice

022

따라써보기 It is a truth universally acknowledged, that a single man in possession of a good fortune, must be in want of a wife.

필사해보기

023

따라써보기 Everything's got a moral, if only you can find it.

필사해보기

024

따라써보기 Who controls the past controls the future. Who controls the present controls the past.

필사해보기

01 시·소설

025
It is much harder to judge yourself than to judge others. If you succeed in judging yourself, it's because you are truly a wise man. – ⟨*The Little Prince*⟩ *by Antoine de Saint-Exupéry*

💡 다른 사람을 판단하는 것보다 자신을 판단하는 것이 훨씬 더 어렵다. 당신이 자신을 판단하는 데 성공한다면, 그것은 당신이 진정으로 현명한 사람이기 때문이다.
– 앙투안 드 생텍쥐페리의 ⟨어린 왕자⟩

- **judge** 판단하다　**truly** 진정으로
- 어린 왕자가 권력과 권위에 집착하는 왕을 만나는 장면에서 나온 문구로 다른 사람을 평가하는 것보다 자신의 내면을 객관적으로 평가하는 것이 훨씬 더 어렵다는 의미이다.

026
The most difficult but essential thing is to love life, to love it even while one suffers, because life is all. Life is God, and to love life means to love God.
– ⟨*War and Peace*⟩ *by Leo Tolstoy*

💡 가장 어렵지만 중요한 것은 인생을 사랑하는 것, 심지어 우리가 고통을 받을 때도 삶을 사랑하는 것인데, 삶은 모든 것이기 때문이다. 생명은 하나님이고, 생명을 사랑하는 것은 하나님을 사랑하는 것을 의미한다. –톨스토이의 ⟨전쟁과 평화⟩

- **essential** 중요한, 핵심적인　**suffer** 고통을 겪다　**mean to~** …하는 것을 의미하다
- 인생에는 필연적으로 고통이 따르지만 그래도 삶을 사랑하고 소중히 여겨야 한다는 의미이다. 생명은 곧 신이며 따라서 생명을 사랑하는 것은 신을 사랑하는 것과 동일하다는 결론이다

English Handwriting Practice

025

따라써보기 It is much harder to judge yourself than to judge others. If you succeed in judging yourself, it's because you are truly a wise man.

필사해보기

026

따라써보기 The most difficult thing but an essential one is to love Life, to love it even while one suffers, because Life is all. Life is God, and to love Life means to love God.

필사해보기

01 시·소설

027

What though life conspires to cheat you, Do not sorrow or complain. Lie still on the day of pain, And the day of joy will greet you. – 〈If by life you were deceived〉 Alexander Pushkin

💡 인생이 당신을 속이려 해도 슬퍼하거나 불평하지 마라. 고통의 날에 가만히 누워 있으면 기쁨의 날이 당신을 맞이할 것이다. – 알렉산더 푸시킨의 〈인생이 당신을 속일 지라도〉

- though …일지라도 conspire to 공모하다 cheat 속이다 sorrow 슬퍼하다 lie on …위에 눕다 greet 맞이하다
- 러시아의 소설가이자 시인. 그의 시중에서 가장 잘 알려진 것으로 인생은 때로 우리를 속이고 실망시키지만 그 순간 역시 인생의 한 부분으로 이겨내고 희망을 찾으라는 이야기이다.

028

I can't let him go. I can't. There must be some way to bring him back. Oh, I can't think about this now. I'll go crazy if I do. I… I'll think about it tomorrow. But I must think about it. I must think about it. What is there to do? What is there that matters? Tara! Home! I can go home. Then I'll think of some way to get him back. After all, tomorrow is another day!

– 〈Gone With the Wind〉 by Margaret Mitchell

 그를 보낼 수 없어. 절대 안돼. 그를 다시 돌아오게 할 무슨 방법이 있을 거야. 오, 지금은 생각할 수 없어. 지금 생각하면 미쳐버릴 지도 몰라… 내일 생각할래. 그래 생각해야 해. 반드시 생각해야 해. 어떻게 해야 하지? 정말 중요한 건 뭘까? 타라! 나의 고향! 고향으로 돌아갈 거야. 그러면 그를 되찾을 방법이 떠오를 거야. 어쨌든, 내일은 또 다시 내일의 태양이 뜰테니까. – 마가렛 미첼의 〈바람과 함께 사라지다〉

- bring sb back …을 다시 돌아오게 하다 go crazy 미치다 after all 어쨌든
- Scarlet이 현실과 맞부딪히는 두려움을 모르는 여자로 비춰질 수 있었던 것은 그녀의 마음 속에 늘 존재했던 바로 이 tomorrow에 대한 희망때문이 아닐까? "내일은 또 다시 내일의 태양이 뜰거야"로 번역되면서 우리의 정서에 깊숙이 파고 든 "Tomorrow is another day"란 독백과 함께 가슴 속에 왠지 모를 희망의 씨앗 하나를 뿌리고 간다.

English Handwriting Practice

027

따라써보기 What though life conspires to cheat you, Do not sorrow or complain. Lie still on the day of pain, And the day of joy will greet you.

필사해보기

028

따라써보기 I can't let him go. I can't. There must be some way to bring him back. Oh, I can't think about this now. I'll go crazy if I do. I… I'll think about it tomorrow. But I must think about it. I must think about it. What is there to do? What is there that matters? Tara! Home! I can go home. Then I'll think of some way to get him back. After all, tomorrow is another day!

필사해보기

> **029**

**What though the radiance which was once so bright
Be now for ever taken from my sight
Though nothing can bring back the hour
Of splendor in the grass
Of glory in the flower
We will grieve not rather find
Strength in what remains behind**

– 〈Ode: Intimations of Immortality〉 by William Wordsworth

💡 한때 그리도 찬란한 광채는
이제는 영원히 내 시야에서 사라졌지만
초원의 빛도, 꽃의 영광도 다시는 돌아올 수 없지만,
우리는 슬퍼하지 않으리.
오히려 남겨진 것들에서
힘을 찾으리라.
–윌리엄 워즈워드의 〈불멸에 대한 예감〉

- **radiance** 빛, 광채 **splendor** 영광 **glory** 영광 **grieve** 슬퍼하다
- 어린 시절의 순수함, 자연의 아름다움 등 한때 빛나던 것들을 잃어버렸지만 남은 것에서 새로운 힘과 의미를 찾겠다는 멋진 구절. 동명의 제목으로 된 영화가 많은 이들의 심금을 울린 적이 있다. 원래 이 시는 〈Ode: Intimations of Immorality from Recollections of Early Childhood〉의 일부이다. 제목이 좀 길지만, 〈불명에 대한 예감: 유년 시절의 회상을 통해〉라는 제목의 장시이다.

English Handwriting Practice

029

따라써보기 What though the radiance which was once so bright

Be now for ever taken from my sight

Though nothing can bring back the hour

Of splendor in the grass

Of glory in the flower

We will grieve not rather find

Strength in what remains behind

필사해보기

02 영화

001
Noah: I could be whatever you want. You just tell me what you want and I'll be that for you. ⟨Notebook⟩

 노아: 난 네가 원하는 무엇이든 돼 줄 수 있어. 네가 원하는 게 뭔지만 말해. 내가 널 위해 그렇게 되어줄게. ⟨노트북⟩

- **be that for you** 너를 위해 그렇게 되어 주겠다
- 2004년에 개봉한 미국 로맨스 영화. 주인공 노아(라이언 고슬링)가 앨리(레이첼 맥아담스)에게 자신의 사랑을 멋지게 표현한 부분이다.

002
Louis: You only get one life. It's actually your duty to live it as fully as possible. ⟨Me Before You⟩

 루이스: 인생은 한번뿐이에요. 최대한 충실히 사는 게 삶에 대한 당신의 의무예요. ⟨미비포유⟩

- **get** 얻다, 가지다 **actually** 실제로 **duty** 의무
- 사고로 장애가 된 주인공 윌의 존엄사 논쟁을 다룬 영화로 행복을 위해 죽음을 선택하는 윌과 그를 간호하게 되는 루이자의 짧은 인연을 다루었다. 이 문장은 한 번뿐인 인생을 후회없이 살라는 조언이다.

003
Melvin: You make me want to be a better man
⟨As Good As It Gets⟩

 멜빈: 당신 때문에 난 좀더 나은 남자가 되고 싶어졌다구요. ⟨이보다 더 좋을 수는 없다⟩

- **make sb+V** …가 …하게 만들다
- Carol과 Melvin의 레스토랑 데이트 장면. Melvin은 자신의 특이한 성격에 못견뎌하는 그녀를 사로잡기 위해 멋진 말을 찾는다. 사랑엔 여전히 서투른 그가 그녀를 위해 보내는 세상 최고의 찬사이다.

English Handwriting Practice

001

따라써보기 Noah: I could be whatever you want. You just tell me what you want and I'll be that for you.

필사해보기

002

따라써보기 Louis: You only get one life. It's actually your duty to live it as fully as possible.

필사해보기

003

따라써보기 Melvin: You make me want to be a better man

필사해보기

02 영화

004

Rambo: I'm your worst nightmare. 〈Rambo〉

💡 람보: 나는 네 최악의 악몽이다. 〈Rambo〉

- nightmare 악몽
- 80년대 세계인의 액션 히어로 람보가 월남전에서 용감무쌍하게 활약하며 베트남군들에 맞서 했던 말이 바로 이것. 이 말은 make your life very difficult라는 의미로 일상회화에서도 농담조로 쓰이고 있다.

005

Rick: Play it again, Sam! 〈Casablanca〉

 릭: 그 곡을 한번 더 연주해주게, 샘! 〈카사블랑카〉

- play 음악 등을 틀다
- 1943년에 개봉된 영화 Casablanca에서 주인공 릭이 술집에서 As time goes by를 연주하던 피아니스트에게 건넨 한마디로 잘못 인용된 대사. 실제로는 여주인공이 일사가 Play it again!란 말을 했고 릭도 연주하라는 말을 하기는 했지만 정확하게도 위 대사를 하지는 않았다. 그럼에도 불구하고 다들 릭이 말한 것으로 믿고 있으며 또한 거리의 간판이나 광고문구 등으로도 자주 이용되고 있다.

006

Will: Do you know something, Clark? You are pretty much the only thing that makes me want to get up in the morning. 〈Me Before You〉

 윌: 클락, 그거 알아요? 아침에 일어나고 싶은 유일한 이유는 당신이 있기 때문이에요. 〈미비포유〉

- pretty much 거의, 거의 완전히   get up 일어나다
- 죽음을 결심하고 마음을 닫은 윌이지만, 생동감있게 생활하는 클라크(왕좌의 게임의 대너리스)에 대한 감정을 고백하는 장면이다. 삶을 붙잡고 싶은 윌의 애절한 마음이 표현되었다.

English Handwriting Practice

004

따라써보기 Rambo: I'm your worst nightmare.

필사해보기

005

따라써보기 Rick: Play it again, Sam!

필사해보기

006

따라써보기 Will: Do you know something, Clark? You are pretty much the only thing that makes me want to get up in the morning.

필사해보기

02 영화

> **007**
>
> **Jennifer: Love means never having to say you are sorry.** ⟨Love Story⟩

 제니퍼: 사랑이란 결코 미안하다고 말할 필요가 없는 거야. ⟨러브 스토리⟩

- mean ~ing …하는 것을 의미하다
- 조금은 오래된 영화 ⟨러브 스토리⟩의 가장 유명한 대사. 진정한 사랑은 서로를 이해하고 용서할 수 있어야 하기 때문에 '미안하다'라는 말은 해서는 안된다는 멋진 문장이다.

> **008**
>
> **Alex: What I once said about you is still true, there's nothing you can't do if you put your mind to it. So keep chasing those dreams, will you, darling?** ⟨Love, Rosie⟩

 알렉스: 내가 전에 너에 대해 말한 것은 여전히 사실이야. 넌 마음만 먹으면 못할 일이 없어. 그러니 그 꿈을 절대 포기하지마, 알았지? ⟨러브 로지⟩

- put one's mind into~ …을 하기로 마음먹다   keep ~ing 계속해서 …하다
- 2014년 개봉한 로맨스 영화. 주인공 알렉스와 로지는 오랫동안 우정과 사랑 사이에서 어느 한쪽으로 결정하지 못하고 있는데, 위의 대사에서는 상대방을 진정으로 사랑하고 격려하는 마음이 담겨 있다.

> **009**
>
> **Jesse: Whatever happens tomorrow, we've had today.**
> ⟨Before Sunrise⟩

 제시: 내일 무슨 일이 일어나든, 우리는 오늘을 함께였어. ⟨비포 선라이즈⟩

- happen 일어나다   have today 오늘을 함께 보내다
- 기차안에서 우연히 만난 두 주인공은 감정에 끌려 기차에서 내려 꿈 같은 하루를 보내고 하는 말이다. 현재의 순간을 소중히 하라는 의미가 담겨 있다.

English Handwriting Practice

007

따라써보기 Jennifer: Love means never having to say you are sorry.

필사해보기

008

따라써보기 Alex: What I once said about you is still true, there's nothing you can't do if you put your mind to it. So keep chasing those dreams, will you, darling?

필사해보기

009

따라써보기 Jessy: Whatever happens tomorrow, we've had today.

필사해보기

02 영화

010
Bugs Bunny: What's up, Doc? 〈Bugs Bunny〉
벅스 버니: 안녕, 친구?, 무슨 일이야, 친구? 〈벅스 버니〉

- What's up? 안녕?, 뭐해?, 무슨 일 있어?
- 만화영화 Bugs Bunny에서 토끼 캐릭터 Bugs Bunny가 하던 말로 사냥꾼이 쏜 총을 피한 후 금새 그의 등뒤에 나타나 장난스럽게 "What's up, Doc?"하고 코맹맹이 같은 말투로 사냥꾼을 골리곤 하는데, 이때부터 What's up?이란 인사말이 이런 식으로 유행되기 시작했다고.

011
Ian: Thank you for being the person who taught me to love and to be loved. 〈If Only〉
이안: 사랑하는 법을, 그리고 사랑받는 법을 가르쳐줘서 고마워. 〈이프 온리〉

- teach sb to~ …에게 …하는 법을 가르치다
- 주인공 사만다와 이안은 서로를 사랑하지만 서로 이해하지 못하는 부분 때문에 티격태각한다. 그러나 사만다가 죽지만 다음날 그의 옆에서 깨어나는 그녀. 이안은 운명을 바꿔보려 해보지만 실패하고 단 하루동안 그녀를 진정으로 이해하고 사랑해본다. 이 대사는 이안이 사만다에게 전하는 말이다.

012
Taylor: I think now, looking back, we did not fight the enemy. We fought ourselves and the enemy was in us.
〈Plantoon〉

테일러: 되돌아보면, 우리는 적과 싸운 것이 아니었다. 우리는 우리 자신과 싸웠고, 적은 우리 안에 있었다. 〈플래툰〉

- look back 되돌아보다   fight …와 싸우다
- 영화의 마지막 장면. 한바탕의 치열한 전투에 휩쓸려 간 밤을 뒤로 한 채 전우들의 시체를 수습하는 장면과 부상자를 수송하는 장면들이 slow motion으로 아련히 지나가며, Taylor가 진짜 적은 우리 안에 있는 탐욕, 증오와 분노들이라고 하는 독백.

English Handwriting Practice

010

따라써보기 Bugs Bunny: What's up, Doc?

필사해보기

011

따라써보기 Ian: Thank you for being the person who taught me to love and to be loved.

필사해보기

012

따라써보기 Taylor: I think now, looking back, we did not fight the enemy. We fought ourselves and the enemy was in us.

필사해보기

02 영화

013
Catherine: I don't make any rules, Nick. I go with the flow. ⟨Basic Instinct⟩

💡 캐서린: 난 어떤 규칙도 만들지 않아요, 닉. 그냥 흐름에 따라 살죠. ⟨원초적 본능⟩

- make rules 규칙을 만들다   go with the flow 자연에 맡기다, 흐름대로 따르다
- 지적인 미모의 소설가 캐서린의 냉혹한 살해욕과, 본능에 이끌려 위험한 유혹에 빠지는 형사 닉 사이의 심리전이 숨가 쁘게 전개되는데, 이 대사는 캐서린이 닉에게 하는 대사.

014
Rod: I just want to make sure you're ready, brother. Here it is: "Show me the money!" ⟨Jerry Maguire⟩

💡 로드: 마음의 준비는 됐겠지, 친구. 자…, "돈을 보여줘!" ⟨제리 맥과이어⟩

- I want to make sure~ …을 확실히 하고 싶어   Here it is 바로 이거야
- 로드를 제외한 고객을 모두 밥에게 빼앗긴 스포츠 에이전트 제리, 자포자기한 심정으로 로드를 향해 나에게 남는 대 가로 뭘 해주길 바라느냐고 묻는다. 그때 로드가 하는 이 한마디, 세상 모든 이가 바라고 있는지도 모를 바로 이 말, "Show me the money!"

015
A woman: I'll have what she's having. ⟨When Harry Met Sally⟩

💡 한 여성: 저 여자가 먹는 걸로 주세요. ⟨해리가 샐리를 만났을 때⟩

- have 먹다
- 여자는 그렇고 그런 존재라며 남성 우월주의를 드러내는 해리의 기를 꺾기 위해 샐리가 식당에서 오르가즘 시늉을 보여 주는 장면. 샐리의 연기에 심장 박동수가 빨라진 남성들, 이때 보고 있던 한 아주머니의 주문에 폭소를 터뜨리게 된다.

English Handwriting Practice

013

따라써보기 Catherine: I don't make any rules, Nick. I go with the flow.

필사해보기

014

따라써보기 Rod: I just want to make sure you're ready brother. Here it is; "Show me the money!"

필사해보기

015

따라써보기 A woman: I'll have what she's having.

필사해보기

02 영화

016

Harry: Go ahead, make my day. ⟨Dirty Harry⟩

💡 해리: 덤벼봐, 오늘 하루 신나게 해줘. ⟨더티 해리⟩

- Make my day 나를 흡족하게[기쁘게] 해줘
- 클린트 이스트우드가 형사 해리로 나오는 범죄물. 그는 법보다는 법을 넘어 냉혹한 방법으로 악을 쳐부신다. make my day는 범인에게 총을 겨눈채 하는 말로 체포하기 보다는 범인에게 도망을 가라, 그럼 내가 총을 쏴서 죽이겠다라는 의미이다.

017

Dodonna: May the Force be with you. ⟨Star Wars⟩

💡 도도나: 포스가 함께하길. ⟨스타워즈⟩

- the Force 생명과 우주의 에너지를 연결하는 힘
- 우주를 배경으로 한 SF 영화인 스타워즈에서 사람들이 서로 헤어지면서 하는 말. 여기서 the Force는 그냥 '힘'이 아니라 생명과 우주의 에너지를 연결하는 힘이라는 의미이다. 이 대사는 영화를 뛰어넘어 일상에서도 상대방에게 행운과 성공을 기원하며 격려하는 메시지로도 많이 쓰인다.

018

Dorothy: There's no place like home. ⟨The Wizard of OZ⟩

💡 도로시: 집만 한 곳은 없지. ⟨오즈의 마법사⟩

- like …와 같은
- 여주인공 도로시가 영화 전반에 걸쳐 반복적으로 하는 대사. 이상한 오즈의 세계에서 다양한 모험을 하지만 캔자스에 있는 집으로 돌아가고 싶은 심정을 표현한 것이다. 거의 일상표현이 되어 자주 쓰인다.

English Handwriting Practice

016

따라써보기 Harry: Go ahead, make my day.

필사해보기

017

따라써보기 Dodonna: May the Force be with you.

필사해보기

018

따라써보기 Dorothy: There's no place like home.

필사해보기

02 영화

019

Oliver: I think you owe me an apology, Barbara. If you have something to say, I'd like to hear it. ⟨The War of the Roses⟩

- 올리버: 나에게 사과해야 되지 않나, 바바라? 할 말이 있다면 해 봐. ⟨장미가의 전쟁⟩

- You owe me an apology 넌 네게 사과해야 해
- 결혼은 사랑의 시작일까 아니면 사랑의 무덤일까? 결혼 후 서서히 서로의 삶을 파괴하는 것을 코믹하게 그린 영화. Roses는 고유명사에 -s가 붙어 그 집안, 즉 가문(家門)을 말하게 되는 경우로 제대로된 영화제목은 "로즈가의 전쟁"이 된다.

020

Terminator: I'll be back. ⟨The Terminator⟩

- 터미네이터: 난 돌아올거야. ⟨터미네이터⟩

- be back 돌아오다
- 짧지만 영화 역사상 가장 유명한 대사 중 하나이다. 미래로부터 다시 오겠다는 말로 잠시 자리를 비우겠다는 말이 아니라 어떤 상징적인 예고나 문맥에 따라 위협이나 약속으로 읽혀진다.

021

Michael: Keep your friends close, but your enemies closer. ⟨God Father⟩

- 마이클: 친구는 가까이, 그러나 적은 더 가까이. ⟨대부⟩

- keep~ close …을 가까이 두다
- ⟨대부 2⟩에서 나오는 대사로 역설적으로 들릴 수도 있지만 친구는 당연히 가까이 두지만, 위험한 적은 더 가까이 두라는 대사이다. 마피아 대부인 코를레오네의 냉철한 생존을 위한 전략적인 통찰을 엿볼 수 있다.

English Handwriting Practice

019

따라써보기 Oliver: I think you owe me an apology, Barbara. If you have something to say, I'd like to hear it.

필사해보기

020

따라써보기 Terminator: I'll be back.

필사해보기

021

따라써보기 Michael: Keep your friends close, but your enemies closer.

필사해보기

02 영화

022
John: Carpe diem. Seize the day, boys. Make your lives extraordinary. ⟨Dead Poets Society⟩

 존: 오늘을 붙잡아라, 얘들아. 너희들의 삶을 특별하게 만들어라. ⟨죽은 시인의 사회⟩

- Carpe Diem 오늘을 붙잡아라, 기회를 놓치지 말고 적극적으로 살아라 seize 잡다 extraordinary 특출난, 특별한
- 키팅 선생님이 학생들에게 말하는 대사. 타인의 기준, 특히 부모의 뜻대로가 아니라 자기 자신의 목표를 세우고 지금에 충실하며 그리고 즐기면서 살라는 명대사이다. 물론 여기서 즐긴다는 그냥 놀다라는 의미는 아니라 자기가 좋아하는 일에 몰두하라는 의미이다.

023
Tony: If we can't accept limitations, then we're no better than the bad guys. ⟨Iron Man⟩

 토니: 만약 우리가 한계를 인정하지 못한다면, 우리 또한 나쁜 놈들과 다름없어. ⟨아이언맨⟩

- accept 받아들이다 limitation 한계 no better than~ …에 지나지 않은
- 토니 스타크가 하는 대사로 비록 슈퍼히어로이지만 절대적으로 힘을 마구 사용하는 것이 아니라 다른 사람들처럼 법의 제약을 받아야 한다고 주장하는 장면이다.

024
Peter Pan: Never say goodbye because goodbye means going away and going away means forgetting.
⟨Peter Pan⟩

 피터 팬: 작별 인사는 절대 하지 마요. 작별 인사는 멀리 간다는 것이고 멀리 간다는 것은 잊는다는 거니까요. ⟨피터 팬⟩

- say good bye 작별인사를 하다 mean ~ing …하는 것을 의미하다 go away 멀리 가버리다 forget 잊다
- 아픈 이별을 거부하는 순수한 영혼이자 그리고 시간과 성장의 흐름을 거부하는 네버랜드에 사는 캐릭터인 피터 팬이 하는 대사. 영원한 아이인 피터 팬이 잊혀질지도 모른다는 두려운 마음의 표현을 나타낸다.

English Handwriting Practice

022
따라써보기 John: Carpe diem. Seize the day, boys. Make your lives extraordinary.

필사해보기

023
따라써보기 Tony: If we can't accept limitations, then we're no better than the bad guys.

필사해보기

024
따라써보기 Peter Pan: Never say good bye because goodbye means going away and going away means forgetting.

필사해보기

02 영화

025
Merlin: It's up to you how far you'll go. If you don't try, you'll never know. ⟨The Sword in the Stone⟩

💡 멀린: 얼마나 멀리 갈수 있는지는 당신에게 달려있죠. 해보지 않는다면 절대 알 수 없을 거예요. ⟨아서왕⟩

- be up to~ …에 달려있다   try 시도하다
- 마법사 멀린이 아서에게 하는 대사. 삶의 가능성과 한계는 자신에게 달려 있기 때문에 도전하는 것은 남이 아니라 아서왕 자신의 몫이다라고 조언하는 글이다.

026
Forrest: Life is like a box of chocolates, you never know what you're going to get. ⟨Forrest Gump⟩

💡 포레스트: 인생은 초콜릿 상자와도 같아. 무엇을 집게 될 지는 먹기 전에 절대 알 수 없어. ⟨포레스트 검프⟩

- be like~ …와 같다   get 얻다, 받다
- 포레스트가 벤치에 앉아 처음 만난 사람에게 던지는 대사. 첫문장 초콜릿 상자안에 어떤 초콜릿이 들어있을 지 모른다는 말로 인생의 예측불가능성과 예측불가능한 인생을 받아들이면서 살아가야 간다는 교훈을 말하고 있다.

027
Carl: It's awful not to be loved, it's the worst thing in the world. ⟨East of Eden⟩

💡 칼: 사랑받지 못한다는 것은 이 세상에서 가장 괴로운 것이다. ⟨에덴의 동쪽⟩

- awful 끔찍한   the worst thing 최악의 일
- 주인공 칼은 형 애런보다 항상 부족한 존재로 괴로워하면서 살고 있다. 사랑받지 못한다는 것은 절대적 외로움 속에 살아야 하며 또한 존재 자체를 부정당하고 있다고 느끼는 것과 같다고 자신의 고통을 절규하고 있다.

English Handwriting Practice

025

`따라써보기` Merlin: It's up to you how far you'll go. If you don't try, you'll never know.

`필사해보기`

026

`따라써보기` Forrest: Life is like a box of chocolates, you never know what you're going to get.

`필사해보기`

027

`따라써보기` Carl: It's awful not to be loved, it's the worst thing in the world.

`필사해보기`

02 영화

028

Uncle Ben: Great power always comes with Great responsibility. ⟨Spiderman⟩

벤 삼촌: 강한 힘에는 그만큼의 책임이 따른다. ⟨스파이더맨 중⟩

- come with …가 따르다
- 스파이더맨 피터 파커에게 그의 삼촌이 충고하는 대사이다. 아이언맨의 토니 스타크와 같은 맥락의 말로 수퍼히어로 역시 초능력을 타인을 위해 정의롭게 사용해야 한다는 교훈을 역설하고 있다.

029

Mia: People will want to go to it because you're passionate about it, and people love what other people are passionate about. You remind people of what they forgot. ⟨La La Land⟩

미아: 사람들은 당신이 열정적이기 때문에 당신 재즈클럽에 가고 싶어할거예요. 사람들은 다른 사람들의 열정에 끌리게 되어 있어요. 자신들이 잊었던 것을 상기시켜주니까요. ⟨라라랜드⟩

- **go to it** 그곳에 가다(it은 세바스찬이 열고 싶어하는 재즈클럽을 말한다)　**passionate** 열정적인　**remind ~of~** …에게 …을 기억나게 하다
- 2016년 개봉된 뮤지컬 영화. 라라랜드는 별들의 도시, 꿈의 나라라는 의미이다. 이 대사는 여주인공 미아가 세바스찬에게 하는 말로 자신의 열정을 믿고 표현할 때 그것이 잠시 열정을 잊고 있던 다른 사람에게도 영감과 용기를 줄 수 있다는 영화의 주제 중 하나이다.

English Handwriting Practice

028

따라써보기 Uncle Ben: Great power always comes with Great responsibility.

필사해보기

029

따라써보기 Mia: People will want to go to it because you're passionate about it, and people love what other people are passionate about. You remind people of what they forgot.

필사해보기

02 영화

> **030**
>
> **Summer: I just don't feel comfortable being anyone's girlfriend. I don't actually feel comfortable being anyone's anything, you know. ... I like being on my own. Relationships are messy, and people's feelings get hurt. Who needs it?** ⟨*500 Days of Summer*⟩

💡 썸머: 난 누군가의 여친이 되는 게 불편해요. 사실 누군가의 뭔가가 되는 것 자체가 편하지 않아요…. 난 내 자신으로 존재하고 싶어. 사람들 관계라는게 혼란스럽고 사람들의 감정은 상처를 받게 되는데 누가 그걸 원해? ⟨500일의 썸머⟩

- feel comfortable ~ing …하는데 편하다   be on one's own 자기 자신으로 존재하다
  messy 지저분한, 엉망인   get hurt 상처받다
- 썸머가 톰에게 자신의 연애철학을 전하는 장면이다. 그녀는 연애에 대해 회의적이고 독립된 자아를 유지를 하고 싶다는 내용이다. 나만의 삶을 지키고 싶다는 현대 여성들에게 많은 공감을 불러 일으킨 대사이다.

> **031**
>
> **Noah: Would you stop thinking about what everyone wants. Stop thinking about what I want, what he wants, what your parents want. What do you want? What do you want?** ⟨*Notebook*⟩

💡 노아: 모든 사람이 원하는 것을 만족시켜줄 수는 없어. 내가 원하는 거, 그가 원하는 거, 네 부모님이 원하는 거는 생각하지마. 넌 뭘 원하는데? 뭘 원하는데? ⟨노트북⟩

- stop ~ing …하기를 멈추다
- 자신을 억압하고 부모나 남의 뜻에 사랑하지도 않는 남자와 결혼하려는 앨리에게 노아가 자신이 원하는 삶을 살라고, 즉 진정으로 사랑하는 나와 살자고 역설하는 명장면이다.

English Handwriting Practice

030

따라써보기 Summer: I just don't feel comfortable being anyone's girlfriend. I don't actually feel comfortable being anyone's anything, you know. ... I like being on my own. Relationships are messy, and people's feelings get hurt. Who needs it?

필사해보기

031

따라써보기 Noah: Would you stop thinking about what everyone wants. Stop thinking about what I want, what he wants, what your parents want. What do you want? What do you want?

필사해보기

02 영화

032

Arthur: Iris, in the movies we have leading ladies... ...and we have the best friend. You, I can tell, are a leading lady. But for some reason, you're behaving like the best friend.

Iris: You're so right. You're supposed to be the leading lady of your own life, for God's sake.
⟨The Holidays⟩

- 아서: 아이리스, 영화에서는 여주인공들이 있고 그리고 조연도 있어요. 내가 보기에 아가씨는 여주인공인데 어떤 이유에서인지 조연처럼 행동하고 있어요.
  아이리스: 선생님이 말이 맞아요. 정말이지 자기 인생에서는 자신이 주인공이 되어야 해요.
  ⟨로맨틱 홀러데이⟩

- leading lady 주연   behave like~ …처럼 행동하다   be supposed to~ …하기로 되어 있다
  for God's sake 제발, 맙소사
- 두 명의 여주인공 아이리스와 아만다가 서로의 집을 바꾸고(Home Exchange) 낯선 환경에서 그리고 새로운 만남을 통해 다시 사랑하게 된다는 로코이다. 이 글은 아서가 아이리스에게 자기 자신을 찾고 인생의 주연이 되라고 조언하는 장면이다.

033

Will: You are scored on my heart, Clark. You were, from the first day you walked in. With your sweet smile and your ridiculous clothes. And your bad jokes, and your complete inability to ever hide a single thing that you felt. Don't think of me too often. I do not want you getting sad. Just live well. Just live. I'll be walking beside you every step of the way. ⟨Me Before You⟩

윌: 클락, 당신은 내 마음에 새겨져 있어요. 어여쁜 미소를 띠고 우스꽝스러운 옷차림으로 내게 걸어 들어오던 그 첫날부터 그랬어요. 당신의 엉뚱한 농담들, 속마음을 하나도 숨기지 못하는 것까지. 내 생각 너무 자주 하지 말아요. 당신이 슬퍼지는 건 원하지 않아요. 그냥 잘 살아요. 그냥 살아요. 내가 매 순간 당신과 함께 할게요. ⟨미비포유⟩

- be scored on~ …에 새겨져 있다   ridiculous 우스꽝스러운   complete inability to~ 완전히 …하지 못하는 것
  get sad 슬퍼지다   walk beside sb …와 함께 하다
- 윌의 안락사 후 한 카페에서 윌의 편지를 읽고 있는 루이자. 윌은 없지만 윌의 부탁대로 그녀의 표정은 새로운 삶을 준 비하듯 밝다. 그런 만큼 그들의 이별은 아름답고 가슴 아프다.

English Handwriting Practice

032

따라써보기 Arthur: Iris, in the movies we have leading ladies... ...and we have the best friend. You, I can tell, are a leading lady. But for some reason, you're behaving like the best friend.
Iris: You're so right. You're supposed to be the leading lady of your own life, for God's sake.

필사해보기

033

따라써보기 Will: You are scored on my heart, Clark. You were, from the first day you walked in. With your sweet smile and your ridiculous clothes. And your bad jokes, and your complete inability to ever hide a single thing that you felt. Don't think of me too often. I do not want you getting sad. Just live well. Just live. I'll be walking beside you every step of the way.

필사해보기

02 영화

> 034

Kaffe: I want the truth!

Colonel Jessep: You can't handle the truth! Son, we live in a world that has walls. And those walls have to be guarded by men with guns. Who's going to do it? You? You, Lieutenant Weinberg? I have a greater responsibility than you can possibly fathom. You weep for Santiago and you curse the Marines. You have that luxury. You have that luxury of not knowing what I know. That Santiago's death, while tragic, probably saved lives. And my existence, while grotesque and incomprehensible to you, saves lives. You don't want the truth because deep down in places you don't talk about at parties, you want me on that wall. You need me on that wall. We use words like honor, code, loyalty. We use these words, as the backbone of a life spent defending something. You use them as a punch line. I have neither the time nor the inclination to explain myself to a man who rises and sleeps under the blanket of the very freedom that I provide and then questions the manner in which I provide it. I would rather you just said "thank you" and went on your way. Otherwise I suggest you pick up a weapon and stand the post. Either way I don't give a damn what you think you are entitled to!

Kaffe: Did you order the Code Red?

Colonel Jessep: I did the job...

Kaffe: Did you order the Code Red?

Colonel Jessep: You're goddamn right I did!

⟨A Few Good Men⟩

캐피: 난 진실을 듣고 싶어요!

제섭 대령: 자넨 그 진실을 감당할 수 없어. 이봐 애송이, 우린 담장을 빙 두르고 사는 거야. 그 담장을 총을 들고 지켜야 하는 거야. 그런데 그걸 누가 할 건가? 자네가? 웬인버그 중위, 자네가? 내 책임이 얼마나 막중한지 자넨 알래야 알 수 없어. 자넨 산티아고를 불쌍히 여기면서 우리 해병대 험담이나 하겠지. 속 편해, 내가 알고 있는 걸 모르니 자넨 속 편할 거야. 그 사병이 죽은건 물론 비극적인 일이긴 하지만 다른 사람들을 살렸어. 그리고 내가 사령관이라는 게 자네에겐 괴상하고 이해되지 않겠지만 그래서 모두 살아있는 거라구. 자넨 마음 깊숙한 곳에서, 그런 거에 관해서 파티장에서 떠들지도 않겠지만, 날 그 담장에 내가 있어주길 바라는 거야. 자넨 내가 거기 있어야만 해. 그래서 자넨 진실을 알고 싶지 않을 거야. 우리들은 명예, 규칙, 충성 같은 말을 하지. 어떤 것을 지키느라 평생을 보낸 우리같은 사람은 그 말을 절대절명의 의미로 쓰는 거야. 자네같은 사람들은 농담할 때나 쓰지. 난 내가 던져준 바로 그 자유의 이불을 덮고 자고 일어나서는, 어떤 방식으로 제공했는지를 의문을 제기하는 사람에게 대답할 만한 시간도 없고 대답하고 싶은 생각도 없어. "고맙습니다"라고 말하고 그냥 자네 갈 길을 가는 게 좋아. 그렇지 않으면 무기들고 보초를 서든지. 어쨌건, 네가 대답들을 자격이 있다고 생각하는 것 따위엔 난 관심없어!

캐피: 귀관이 「코드 레드」를 명령했습니까?

제섭 대령: 임무를 수행했을 뿐이야.

캐피: 귀관이 「코드 레드」를 명령했습니까?

제섭 대령: 그래, 내가 했다! 〈어퓨굿맨〉

- **Code Red** 코드레드. 해병대에서 군기가 빠져 있는 사병들을 기합줄 때 사용하는 말
  be entitled to …에 자격이 있다   **grotesque and incomprehensible** 괴상하고 이해할 수 없는
  as the backbone of a life spent defending something 무언가를 지키기 위해 바친 생활의 가장 기본적인 신조로
  punch line (농담, 광고등의) 급소가 되는 문구   **inclination** 의향, 기분.
  question the manner in which I provide it 내가 그것을 어떻게 구해주는지에 대해
  would rather ~ …하는 편이 낫다   **go on one's way** …의 갈 길을 가다   **stand the post** 보초를 서다.
  I don't give a damn 난 조금도 개의치 않는다.
- 미 해병대를 무대로 Code Red(가혹행위)을 명령하여 그를 죽음으로 몰아넣은 사건을 다루고 있는 법정영화. 캐피 중위가 군인 정신이 남다른 피고인 제섭 대령을 심문하는 명장면. 캐피는 대령을 증인으로 세우고 그의 군인기질을 역으로 이용해 법정에서 자백을 이끌어내려 한다. 캐피의 작전에 말려든 대령은 결국 법정에서 캐피를 훈계하다 그만 자신이 code red를 명령했다고 자백하고 마는데…

02 영화

English Handwriting Practice

034

따라써보기 Kaffe: I want the truth!

Colonel Jessep: You can't handle the truth! Son, we live in a world that has walls. And those walls have to be guarded by men with guns. Who's going to do it? You? You, Lieutenant Weinberg? I have a greater responsibility than you can possibly fathom. You weep for Santiago and you curse the Marines. You have that luxury. You have that luxury of not knowing what I know. That Santiago's death, while tragic, probably saved lives. And my existence, while grotesque and incomprehensible to you, saves lives. You don't want the truth because deep down in places you don't talk about at parties, you want me on that wall. You need me on that wall. We use words like honor, code, loyalty. We use these words, as the backbone of a life spent defending something. You use them as a punch line. I have neither the time nor the inclination to explain myself to a man who rises and sleeps under the blanket of the very freedom that I provide and then questions the manner in which I provide it. I would rather you just said "thank you" and went on your way. Otherwise I suggest you pick up a weapon and stand the post. Either way I don't give a damn what you think you are entitled to!

Kaffe: Did you order the Code Red?

Colonel Jessep: I did the job…

Kaffe: Did you order the Code Red?

Colonel Jessep: You're goddamn right I did!

> 필사해보기

03 미드

001 **Eddard: He won't be a boy forever. And winter is coming.** ⟨Game of Thrones⟩

💡 에다드: 그는 언제까지나 어린 아이일 수는 없소. 그리고 겨울이 다가오고 있소. ⟨왕좌의 게임⟩

- **forever** 영원히, 언제나
- 탈영자의 소식을 들은 네드 스타크는 탈영자를 참수하는 자리에 아들 브랜을 데리고 가려고 한다. 부인 캐틀린은 10살짜리가 그런 걸 보기에는 너무 어리다고 말리지만 네드는 스타크 가의 가언인 Winter is coming, 즉 생존을 위협하는 혹독한 긴 겨울이 올거라며 설득시킨다.

002 **Monica: Welcome to the real world. It sucks. You're gonna love it.** ⟨Friends⟩

💡 모니카: 현실 세계에 온 걸 환영해. 형편없지만 좋아하게 될 거야. ⟨프렌즈⟩

- **suck** 형편없다, 엉망이다
- 아버지가 결제하는 신용카드 여러 개를 가지고 있는 레이첼이 경제적으로 독립하기 위해 친구들이 레이첼의 신용카드를 가위로 자르는 장면. 인생은 suck하지만 그래도 좋아하게 될거라는 유쾌한 대사이다.

003 **Rachel : Oh, my God! Ross, no! Hang up the phone. Give me the phone!**
Ross: You're over me? When were you under me? ⟨Friends⟩

💡 레이첼: 맙소사! 안돼! 전화끊어. 전화기 달라고!
로스: 나를 잊었다고? 언제 나를 좋아했었는데? ⟨프렌즈⟩

- **hang up** 전화를 끊다 **be over** 잊다
- 레이첼의 전화녹음메시지에서 레이첼이 자기를 잊었다는 말에 로스는 충격을 받는다. 그리고 "날 잊었다고?" 그럼 언제 날 좋아했었는데라는 말로 over의 반대어인 under를 써서 When were you under me?라는 말을 한다.

English Handwriting Practice

001
따라써보기 Eddard: He won't be a boy forever. And winter is coming.

필사해보기

002
따라써보기 Monica: Welcome to the real world. It sucks. You're gonna love it.

필사해보기

003
따라써보기 Rachel : Oh, my God! Ross, no! Hang up the phone. Give me the phone!

Ross: You're over me? When were you under me?

필사해보기

03 미드

004
Lori: Let us keep trying as long as we can. ⟨The Walking Dead⟩
💡 할 수 있는 한 우리가 계속 노력할 수 있게 해줘요. ⟨워킹데드⟩

- keep ~ing 계속해서 …하다   as long as we can 우리가 할 수 있는 한 오랫동안
- 릭의 부인인 Lori가 하는 대사로 종말을 맞이한 세상 속에서도 결코 포기하지 않고 생존을 위해서 싸워나가겠다는 집념을 표현하고 있다. CDC(질병관리센터)를 찾아 들어오게 되지만 절망의 세계에서 희망의 끈을 놓지 않고 최선을 다해 릭은 삶을 포기하지 않으려 하고, 반면 희망이 없다고 믿는 CDC 박사는 죽음을 제안하다. 이 갈등이 ⟨워킹데드⟩가 오랫동안 생존한 원동력이 아니었을까…

005
Carl : I'm just another monster, too. ⟨The Walking Dead⟩
💡 나 역시 또다른 괴물이 된 것 같아요. ⟨워킹데드⟩

- monster 괴물
- 이젠 "저도 또 다른 괴물이 된 것 같아요"라고 말하는 장면. 도덕성을 지키려는 순수한 마음과 절망의 세계에서 괴물처럼 생존만을 위해 몸부림쳐야 하는 현실 사이에서 고민하는 인물로 나온다.

006
Cersei: When you play the Game of Thrones, you win or you die. There is no middle ground. ⟨Game of Thrones⟩
💡 왕좌의 게임을 할 때는 승리하거나 아니면 죽음뿐이예요. 그 사이에는 중간은 없어요. ⟨왕좌의 게임⟩

- middle ground 중간지대
- 극 초반 세르세이가 네드 스타크에게 경고하는 장면. 왕좌를 차지할 수 있었던 기회를 이미 한 번 놓친 경험이 있는 스타크에게 '왕좌의 싸움'에서는 도덕성보다는 무자비함만이 살아남는다고 경고한다. 네가 날 죽이지 않으면, 내가 널 죽인다라는 말이다.

English Handwriting Practice

004

따라써보기 Lori: Let us keep trying as long as we can.

필사해보기

005

따라써보기 Carl : I'm just another monster, too.

필사해보기

006

따라써보기 Cersei: When you play the Game of Thrones, you win or you die. There is no middle ground.

필사해보기

03 미드

007

Baelish: There's no justice in the world. Not unless we make it. ⟨Game of Thrones⟩

 세상에 정의는 없어. 우리가 만들기까지는 말야. ⟨왕좌의 게임⟩

- **justice** 정의   **not unless~** …하지 않는 한은 아니다
- 교활한 책략가 배일리시의 권력에 대한 철학이 단적으로 드러나는 대사이다. 세상에 이상적인 정의란 것은 없으며, 단지 권력있는 자들이 만들어내는 부패한 정의만 있다는 말. 따라서 세상을 믿지 말고 스스로 권력을 쟁취해야 한다는 점을 강조하고 있다.

008

House: You can't always get what you want. ⟨House M.D.⟩

 원하는 것을 항상 얻을 수 없어요. ⟨하우스⟩

- **get what sb wants** … 가 원하는 것을 얻다
- 괴짜 의사의 기행을 다룬 ⟨하우스⟩에 자주 등장하는 대사이다. 원래는 The Rolling Stones의 노래가사에서 따온 문장이다. 예측 불가능한 현실에서 자신이 원한다고 다 얻을 수는 없는 그런 냉철한 현실을 언급하고 있다.

009

Three-Eyed Raven: It is beautiful beneath the sea, but if you stay too long, you'll drown. - ⟨Game of Thrones⟩

 세 눈 까마귀: 바다 밑은 아름답지만, 너무 오래 있으면 익사하게 된다. ⟨왕좌의 게임⟩

- **beneath** …의 아래에   **drown** 물에 빠지다
- 세 눈 까마귀를 조우한 브랜은 동물과 정신적으로 연결되어 그 몸을 조종하거나 그 몸으로 세상을 보게 되는 Warg로의 훈련을 받는다. 세 눈 까마귀와 함께 과거로 가서 아버지의 젊은 시절을 보고, 더 있고 싶다고 하지만 세 눈 까마귀는 브랜을 깨우면서 하는 대사이다.

English Handwriting Practice

007

따라써보기 Baelish: There's no justice in the world. Not unless we make it.

필사해보기

008

따라써보기 House: You can't always get what you want.

필사해보기

009

따라써보기 Three-Eyed Raven: It is beautiful beneath the sea, but if you stay too long, you'll drown.

필사해보기

03 미드

010

Arya: Fear cuts deeper than swords. ⟨Game of Thrones⟩

아리아: 두려움은 검보다 더 깊게 베는 법이지. ⟨왕좌의 게임⟩

- fear 두려움 cut 베다 sword 칼, 검
- 아리아 스타크의 독백. 두려움은 날카로운 검보다 인간을 더 나약하게 만든다는 대사로 극중 여러 곳에서 공포나 두려움에 마주칠 때마다 자신에게 하는 말.

011

Tyrion: Once you've accepted your flaws, no one can use them against you. ⟨Game of Thrones⟩

티리온: 네 약점을 스스로 인정하면 아무도 너에게 그것을 이용하지 못해. ⟨왕좌의 게임⟩

- accept 받아들이다, 인정하다 flaw 단점, 약점
- 지략가 티리온 라니스터가 존 스노우에게 하는 말로 자신이 난쟁이라는 사실을 스스로 받아들여 열등감을 극복하면 어느 누구도 그 약점을 건드릴 수가 없다는 대사이다. 티리온의 생존철학이 담긴 문장이다.

012

Jaime: There are always lessons in failures. ⟨Game of Thrones⟩

제이미: 실패에서 항상 배우는 법이지요. ⟨왕좌의 게임⟩

- lesson 교훈 failure 실패
- 라니스터 가의 주력부대를 이끌고 마르텔 가문을 함락시킨 제이미. 올레나를 죽이기 전 그녀와 나누는 대화장면이다. 롭 스타크에게 당한 전술을 활용했다고 하면서… 성공보다는 아픈 실패를 통해서 자기를 발전시키는 계기로 삼았다는 대사이다.

English Handwriting Practice

010

따라써보기 Arya: Fear cuts deeper than swords.

필사해보기

011

따라써보기 Tyrion: Once you've accepted your flaws, no one can use them against you.

필사해보기

012

따라써보기 Jaime: There are always lessons in failures.

필사해보기

03 미드

013 **House: We can't die with dignity.** ⟨House M.D.⟩

존엄성을 지키면서 죽을 수는 없어요. ⟨하우스⟩

- with dignity 존엄성을 지키면서
- 하우스 박사의 죽음에 대한 철학을 담고 있는 대사이다. 죽음 앞에 고상함이란 있을 수 없고 단지 죽음은 추하고 무의미한 것이라고 강조하는 말이다. 그리고 존엄성을 가지고 살 수는 있어도, 존엄성을 지키면서 죽을 수는 없다고 말한다.

014 **Tyrion: Death is so final, whereas life Ah, life is full of possibilities. I hope the boy does wake. I'd be very interested to hear what he has to say.** ⟨Game of Thrones⟩

티리온: 죽음은 정말 끝인데 반해 삶이란 많은 가능성들로 차 있잖아. 브랜이 깨어났으면 해. 그가 뭐라고 하는지 정말 꼭 듣고 싶거든. ⟨왕좌의 게임⟩

- whereas …한 반면 wake 깨어나다 be interested to+V …하는데 관심이 있다
- 세르세이와 제이미는 자신들의 비밀을 알고 있는 브랜이 아직 의식이 있다는 동생 티리온의 말에 제이미는 자신이 그렇게 되면 차라리 죽여달라고 심경을 토로하는데, 티리온은 브랜이 본 게 무엇인지 정치적 호기심을 표현하고 있다.

015 **Cersei: The occasional kindness will spare you all sorts of trouble down the road.** ⟨Game of Thrones⟩

세르세이: 가끔 친절하게 해주면 나중에 괜한 수고를 덜어주게 된다. ⟨왕좌의 게임⟩

- occasional 가끔의 spare …을 겪지 않아도 되게 하다 all sorts of 모든 종류의 down the road 앞으로, 나중에
- 산사와 아리아에게 약점을 보인 조프리는 그들을 싫어하게 되지만, 그의 어머니 세르세이는 그들에게 잘해주라고 한다. 진심으로 친절하라는 뜻이 아니라 전략적으로 미래의 골치 아픈 문제들을 미리 방어하는 전략적 수단으로 친절을 권하는 말.

English Handwriting Practice

013

따라써보기 House: We can't die with dignity.

필사해보기

014

따라써보기 Tyrion: Death is so final, whereas life Ah, life is full of possibilities. I hope the boy does wake. I'd be very interested to hear what he has to say.

필사해보기

015

따라써보기 Cersei: The occasional kindness will spare you all sorts of trouble down the road.

필사해보기

03 미드

016

Jaime: If your Gods are real and if they are just, why is the world so full of injustice? ⟨Game of Thrones⟩

 제이미: 당신네 신들이 존재한다면, 그리고 정의롭다면 왜 세상은 이렇게 불의로 가득찬 겁니까? ⟨왕좌의 게임⟩

- just 정의로운   be full of~ …로 가득하다   injustice 불의
- 남편 네드의 죽음을 접한 캐틀린이 포로로 잡혀 있는 제이미를 찾아오고 제이미는 스타크 집안이 있는 북부의 신이 정말 존재한다면 왜 남편이 이런 죽음을 당해야 했는지, 신의 존재에 대해 회의적인 생각을 드러내며 캐틀린을 도발한다.

017

Skyler: If I have to hear one more time that you did this for the family...

Walter: I did it for me. I liked it. I was good at it. I was alive. ⟨Breaking Bad⟩

 스카일러: 만약 가족을 위해서 이렇게 했다고 또 한 번 더 들어야 한다면…
월터: 나 자신을 위해서 그랬어. 그렇게 하는 게 좋았고 또 내가 잘 해냈다고. 그리고 살아있다는 느낌이었어. ⟨브레이킹 배드⟩

- have to hear~ …을 들어야만 하다   be good at~ …에 잘하다
- 월터가 마지막으로 스카일러를 찾아와 얘기를 나누는 장면. 월터가 속내를 들어낸다. 그동안 저지른 범죄는 자신을 위해서 한거고 그렇게 하는 게 좋았고 또 자기가 잘 해냈다고, 그리고 그렇게 하는 동안 자신은 살아있다는 느낌이 들었다고 한다. 월터가 가장 바랬던 것은 바로 이렇게 '살아있음'이 아니었을까라는 생각이 든다.

English Handwriting Practice

016

따라써보기 Jaime: If your Gods are real and if they are just, why is the world so full of injustice?

필사해보기

017

따라써보기 Skyler: If I have to hear one more time that you did this for the family...

Walter: I did it for me. I liked it. I was good at it. I was alive.

필사해보기

03 미드

018
Jorah: Rich men do not become rich by giving more than they get. They'll give you ships and soldiers and they'll own you forever. Moving carefully is the hard way, but it's the right way. ⟨Game of Thrones⟩

 조라: 부자들은 자신들이 얻는 것보다 더 주고서 부자가 되지 않아요. 그들로부터 배와 군대를 제공받게 되면 그들은 영원히 칼리시를 소유하려고 할 겁니다. 조심스럽게 움직이는 게 쉬운 일은 아니지만, 그게 옳은 방법입니다. ⟨왕좌의 게임⟩

- own 소유하다   the hard way 어려운 일
- 철왕좌를 차지하려는 조급한 대너리스(칼리시)에게 콰스의 자로 조안 다소스는 지원을 약속하지만, 조언자 조라는 부자는 결코 자기가 얻는 것 이상으로 주고 부자가 되지 않는다고 경계한다. 탐욕스런 권력자들이 무상으로 도움을 주지는 않는다는 조언이다.

019
Sansa: I hate the King more than any of them. (Shae: Don't say these things. If the wrong people hear you…) But you're not the wrong people. (Shae: Don't trust anybody. Life is safer that way.) ⟨Game of Thrones⟩

 산사: 난 그들 누구보다도 왕을 싫어해. (셰이: 이런 말을 하시 마세요. 엉뚱한 사람이 듣기라도 하면….) 하지만 넌 그런 사람이 아니잖아. (셰이: 어느 누구도 믿지 마요. 그러면 삶이 더 안전해져요.) ⟨왕좌의 게임⟩

- hate 싫어하다   trust 믿다, 신뢰하다   that way 그런 식으로
- 봉변을 당할 뻔하고 가까스로 살아남은 산사가 사람들이 왕을 싫어하듯 자신도 그 누구보다도 싫어한다고 말하고, 시녀 셰이는 산사에게 아무도 믿지 말라고 현실적인 충고를 한다.

English Handwriting Practice

018

따라써보기 Jorah: Rich men do not become rich by giving more than they get. They'll give you ships and soldiers and they'll own you forever. Moving carefully is the hard way, but it's the right way.

필사해보기

019

따라써보기 Sansa: I hate the King more than any of them. (Shae: Don't say these things. If the wrong people hear you...) But you're not the wrong people. (Shae: Don't trust anybody. Life is safer that way.)

필사해보기

03 미드

> **020**

Cersei: Praying to te Gods to have mercy on us all. The Gods have no mercy. That's why they're Gods. My father told me that when he caught me praying.
⟨Game of Thrones⟩

💡 세르세이: 우리 모두에게 자비를 베풀어달라고 신들께 기도를 한다고. 신은 자비가 없단다. 그래서 그들이 신인거야. 아버지는 내가 기도하는 모습을 발견했을 때 그렇게 말씀하셨어.
⟨왕좌의 게임⟩

- pray to …에게 기도하다   have mercy on~ …에게 자비를 베풀다
- 피난소에서 포도주를 마시고 있던 세르세이는 기도 중인 산사를 다시 부른다. 그리고 무슨 기도를 하냐고, 자신과 조프리를 위해서도 기도하냐며 시니컬하게 반응한다. 그녀의 냉소적인 세계관을 알 수 있다. 그녀는 신보다는 권력을 더 믿는다.

> **021**

Baelis: People die at their dinner tables. They die in their beds. They die squatting over their chamber pots. Everybody dies sooner or later. Don't worry about your death. Worry about your life. Take charge of your life for as long as it lasts. ⟨Game of Thrones⟩

💡 배일리쉬: 사람들은 저녁 먹다가도 죽고, 자다가도 죽고 요강에 쭈그리고 앉아 있다가도 죽습니다. 결국 언제가 됐든 모든 사람은 죽게 되어 있어요. 죽음에 대해 걱정하지 말고 삶에 대해 걱정하십시오. 그리고 삶이 지속되는 한 자신의 삶에 책임을 지세요. ⟨왕좌의 게임⟩

- squat 쭈그리고 앉다   chamber pots 요강   take charge of~ …을 책임지다   last 지속하다
- 라이사를 살해했지만 산사의 거짓 증언으로 목숨을 구한 배일리쉬는 베일의 영주가 된 라이사의 아들 로빈에게 영주 교육을 시키고 있다. 로빈은 밖이 위험하다고 나가지 않으려고 하자 그에게 조언을 건넨다. 특히 죽음을 걱정하지 말고 삶에 대해 걱정하라는 말을 하는데, 비록 교활한 캐릭터이기는 하지만 마음속에 와닿는 명대사이다.

English Handwriting Practice

020

따라써보기 cersei: Praying to the Gods to have mercy on us all. The Gods have no mercy. That's why they're Gods. My father told me that when he caught me praying.

필사해보기

021

따라써보기 Baelish: People die at their dinner tables. They die in their beds. They die squatting over their chamber pots. Everybody dies sooner or later. Don't worry about your death. Worry about your life. Take charge of your life for as long as it lasts.

필사해보기

03 미드

> **022**

Amy: Noted. Now, before this goes any further, you should know that all forms of physical contact up to and including coitus are off the table.
Sheldon: May I buy you a beverage?
Amy: Tepid water, please.
Howard: Good God, what have we done? 〈Big Bang Theory〉

💡 에이미: 알았어요. 그런데 이제 우리가 더 나아가기 전에 성관계를 포함한 모든 신체적 접촉은 없는거예요.
쉘든: 음료수 내가 사도 될까요?　　　에이미: 미지근한 물로 부탁해요.
하워드: 맙소사, 우리가 무슨 짓을 한거야? 〈빅뱅이론〉

- Noted. 알겠어.　go further 더 나아가다　physical contact 육체적 관계　up to …까지　coitus 성관계　be off the table 논의 대상이 아니다　beverage 음료　What have we done? 우리가 무슨 짓을 한거지?
- 쉘든에게 여자 친구를 소개시켜준 하워드. 전혀 예상밖으로 둘이 죽이 맞자 자기가 도대체 무슨 짓을 한 거지라고 충격을 받는다. 괴짜들의 모임에 또 한 명의 괴짜가 합류하는 기억에 남는 장면이다.

> **023**

Sheldon: Something's wrong.
Leonard: What do you mean?
Sheldon: I'm not sure. It doesn't feel right.
Leonard: I don't know what you're talking about. Oh, that. Penny did that. 〈Big Bang Thoery〉

💡 쉘든: 뭔가 이상해.
레너드: 그게 무슨 말이야?
쉘든: 잘 모르겠어 하지만 뭔가 느낌이 달라.
레너드: 무슨 말하는지 모르겠어. 어 그거. 페니가 그랬어. 〈빅뱅이론〉

- mean 의미하다　be not sure 확실히 모르다　feel right 이상하다
- 페니가 실수로 서바이벌 게임용 총을 잘못 쏴서 쉘든의 소파자리에 물감이 묻게 된다. 페니는 이를 감추기 위해 소파를 뒤집지만 초민감한 쉘든은 그답게 뭔가 이상한 점을 느끼며 의자에서 몸을 뒤척이며 불편해하는 그 유명한 장면이다.

English Handwriting Practice

022

따라써보기 Amy: Noted. Now, before this goes any further, you should know that all forms of physical contact up to and including coitus are off the table.

Sheldon: May I buy you a beverage?

Amy: Tepid water, please.

Howard: Good God, what have we done?

필사해보기

023

따라써보기 Sheldon: Something's wrong.

Leonard: What do you mean?

Sheldon: I'm not sure. It doesn't feel right.

Leonard: I don't know what you're talking about.

Oh, that. Penny did that.

필사해보기

03 미드

024

Daenerys: Lannister, Targaryen, Baratheon, Stark, Tyrell. They're all just spokes on a wheel. This one's on top, then that one's on top. And on and on it spins, crushing those on the ground. (Tyrion: It's a beautiful dream, stopping the wheel. You're not the first person who's ever dreamt it.) I'm not going to stop the wheel. I'm going to break the wheel. ⟨Game of Thrones⟩

- 대너리스: 라니스터, 타르가르옌, 바라테온, 스타크, 티렐, 그들은 모두 다 바퀴의 살과 같지. 하나가 올라가면 다음에는 다른 게 올라가고 그렇게 계속 구르다 보면 그들은 모두 바닥으로 쳐박히게 된다. (티리온: 바퀴를 멈춘다는 건 아름다운 꿈이에요. 그걸 꿈꾼 사람이 당신이 처음은 아니에요.) 난 바퀴를 멈추게 하려는 게 아냐. 난 바퀴를 부셔버릴거야. ⟨왕좌의 게임⟩

- **spoke** 바퀴의 살 **on and on** 계속해서 **spin** 돌다 **crush** 부숴버리다
- 대너리스가 티리온과 이야기를 나누고 있다. 대너리스는 티리온을 살려두겠다고 하고 조언을 해보라고 한다. 대너리스가 어떻게 원하는 것(철왕좌)을 얻느냐고 묻고, 티리온은 꼭 철왕좌만이 답이 아니라고 하지만 대너리스는 여기는 내 집이 아니다라고 하면서 철왕좌에 대한 강한 집념을 드러낸다. 즉 그녀는 단순히 권력을 잡겠다는 것이 아니라 체제 자체를 부수고 새로운 세상을 만들겠다는 큰 꿈을 갖고 있음을 알 수 있다.

025

Carrie: How did you even get here?

Big: It took me a really long time to get here. But I'm here. Carrie you're the one.

Carrie: Kiss me you big crybaby. I miss New York. Take me home.

⟨Sex and the City⟩

- 캐리: 여기는 어떻게 온 거야?
  빅: 여기까지 오는데 정말 시간이 오래 걸렸지. 하지만 난 여기 있어. 캐리, 너밖에 없어.
  캐리: 다 큰 울보야, 키스해줘. 뉴욕이 그리워. 집에 데려다 줘. ⟨섹스앤더시티⟩

- **get here** 여기에 오다   **It takes+시간+to+V** …하는데 …시간이 걸리다
- 사귀는 건지 아닌지 헷갈리는 캐리와 빅의 관계에서 빅이 마지막에 자신이 캐리를 사랑한다는 것을 깨닫고 파리에 가서 캐리에게 고백하는 장면이다.

English Handwriting Practice

024

따라써보기 Daenerys: Lannister, Targaryen, Baratheon, Stark, Tyrell. They're all just spokes on a wheel. This one's on top, then that one's on top. And on and on it spins, crushing those on the ground. (Tyrion: It's a beautiful dream, stopping the wheel. You're not the first person who's ever dreamt it.) I'm not going to stop the wheel. I'm going to break the wheel.

필사해보기

025

따라써보기 Carrie: How did you even get here?

Big: It took me a really long time to get here. But I'm here. Carrie you're the one.

Carrie: Kiss me you big crybaby. I miss New York. Take me home.

필사해보기

03 미드

> **026**

Gabrielle: You listen to me, you little bitch. You do not want to start a war with me.
Sister Mary: Well, I have God on my side, Bring it on.
〈Desperate Housewives〉

💡 가브리엘: 내 말 들어, 이 못된 여자야. 나와 싸울 생각을 아예 하지 말라고.
　 메리 수녀: 하나님이 내 편이니 어디 한번 해보세요. 〈위기의 주부들〉

- listen to~ …의 말을 듣다　bitch 나쁜 여자　have~ on one's side 내 편에 …가 있다　Bring it on 어서 덤벼봐
- 개비(가브리엘)는 자신의 남편 카를로스가 출소 후 교회봉사단체 활동에 전념하자 남편을 뺏겼다고 생각하고 그 단체의 메리 수녀와 설전을 벌이는 유쾌하면서도 긴장감 넘치는 장면이다.

> **027**

Syrio: Do you pray to the gods? (Arya: The old and the new.) There is only one God and his name is Death. And there is only one thing we say to Death: "Not today." 〈Game of Thrones〉

 시리오: 신들에게 기도해? (아리아: 옛신과 새로운 신께요) 세상에는 단 하나의 신이 있으며 그의 이름은 죽음이야. 그리고 죽음에게 우리가 할 말은 단 한 가지뿐이지. : "오늘은 아니야."
〈왕좌의 게임〉

- pray to~ …에게 기도하다　Not today 오늘은 안돼요, 다음에 와요
- 아버지 네드 스타크가 부상당해 위험에 처해 있어 마음이 심란한 상태 속에서도 아리아가 검술 선생님 시리오 포렐에게서 지도를 받고 있다. 시리오는 죽음을 두려워하지 말고 오늘만큼은 용감하게 맞서 싸우라는 조언을 준다.

English Handwriting Practice

026

따라써보기 Gabrielle: You listen to me, you little bitch. You do not want to start a war with me.
Sister Mary: Well, I have God on my side, Bring it on.

필사해보기

027

따라써보기 Syrio: Do you pray to the gods? (Arya: The old and the new.) There is only one God and his name is Death. And there is only one thing we say to Death: "Not today."

필사해보기

03 미드

> **028**

Walter: Who are you talking to right now? Who is it you think you see? Do you know how much I make a year? I mean, even if I told you, you wouldn't believe it. Do you know what would happen if I suddenly decided to stop going in to work? A business big enough that it could be listed on the NASDAQ goes belly-up, disappears. It ceases to exist without me. No. You clearly don't know who you're talking to, so let me clue you in. I am not in danger, Skyler. I am the danger. ⟨Breaking Bad⟩

💡 월터: 지금 누구랑 얘기하는 줄 알아? 네가 보는 사람이 누구라고 생각해? 내가 1년에 얼마를 버는 줄 알아? 말해도 믿지 못할 거야. 내가 일을 관두면 어떤 일이 생길 줄 알아? 나스닥에 상장될 정도의 큰 기업체가 망해서 없어질 거야. 나 없이는 존재하지도 않아. 안되지. 당신이 지금 누구하고 얘기하는 줄 모르니 힌트를 줄게. 난 위험에 빠진 게 아냐, 내 자신이 바로 위험이라고. ⟨브레이킹 배드⟩

- **suddenly** 갑자기   **decide to~** …하기로 결정하다   **be listed on~** …에 주식상장되다   **go belly-up** 파산하다
  disappear 사라지다   **cease to~** …하기를 그치다   **clue sb in** …에게 알려주다   **be in danger** 위험에 처하다
- 자신은, 죽어가던 선한 고교 교사가 더 이상 아니라 거대한 범죄조직을 이끄는 사람이라고 자기에 대한 인식의 전환을 극명하게 보여주는 장면이다. 가족을 지키기 위해서 어쩔 수 없이 하는 범죄가 아니라 잃어버렸던 자존감을 되찾고 자신을 위해 위험을 무릅쓰고 있다고 천명한다.

English Handwriting Practice

028

따라써보기 Walter: Who are you talking to right now? Who is it you think you see? Do you know how much I make a year? I mean, even if I told you, you wouldn't believe it. Do you know what would happen if I suddenly decided to stop going in to work? A business big enough that it could be listed on the NASDAQ goes belly-up, disappears. It ceases to exist without me. No. You clearly don't know who you're talking to, so let me clue you in. I am not in danger, Skyler. I am the danger.

필사해보기

04 뮤지컬

001
- I've done no wrong Sweet Jesus, hear my prayer.
- Look down, look down, Sweet Jesus doesn't care.
⟨Les Miserable⟩

> - 난 잘못한 게 없어 자애로우신 예수님, 제 기도를 들어주세요.
> - 고개를 숙여라, 고개를 숙여라, 자애로우신 예수님은 신경 쓰시지 않는다. ⟨레미제라블⟩

- **do no wrong** 잘못된 일을 하지 않다 **prayer** 기도 **care** 신경쓰다
- 프랑스의 문호 Victor Hugo의 원작소설을 토대로 만든 뮤지컬. 1832년 6월에 벌어진 프랑스 혁명이 배경이다. 이 명대사는 뮤지컬 맨처음에 나오는 곡으로 그 당시 공권력의 부패함을 강조하기 위해 감옥 죄수들의 입을 통해 프랑스 사회의 공정하지 못함을 표현하고 있다.

002
Cosette: There is a castle on a cloud. I like to go there in my sleep. ⟨Les Miserable⟩

> 코젯: 꿈속에만 갈 수 있는 구름 속 성이 있대요. ⟨레미제라블⟩

- **castle** 성 **cloud** 구름 **in my sleep** 내 꿈속에서
- 극중 여주인공 팡틴의 딸로 술집에 팔려나간 Cosette가 물을 길러 가면서 부르는 노래. 험한 세상에서 꿈에서나마 위안을 얻는 소녀의 가련한 마음을 담고 있다.

003
**I don't know how to love him.
What to do, how to move him.** –Jesus Christ Superstar

> 난 그를 어떻게 사랑해야 할지 모르겠어요
> 어떻게 해야 할지, 어떻게 해야 그의 마음을 움직일 수 있을지. ⟨지저스 크라이스트 수퍼스타⟩

- **know how to+V** …하는 법을 알다 **move** 감동시키다
- I Don't Know How To Love Him은 영국 뮤지컬 작곡가 Andrew Lloyd Webber가 1971년에 브로드웨이에서 초연된 ⟨Jesus Christ Superstar⟩ 중 대중적으로 알려진 노래이다. 예수님에게 특별한 감정을 느끼게 된 마리아가 자신의 감정에 혼란스러워하며 부르는 곡이다.

English Handwriting Practice

001

따라써보기 - I've done no wrong Sweet Jesus, hear my prayer.
- Look down, look down, Sweet Jesus doesn't care.

필사해보기

002

따라써보기 Cosette: There is a castle on a cloud. I like to go there in my sleep.

필사해보기

003

따라써보기 I don't know how to love him.
What to do, how to move him.

필사해보기

04 뮤지컬

004

Do you hear the people sing?
Singing a song of angry men?
It is the music of people
Who will not be slaves again! – Les Miserable

💡 너는 분노한 민중의 노래를 듣고 있는가?
다시는 노예처럼 살지 않겠다는 외침의 노래다! 〈레미제라블〉

- hear sb+V …가 …하는 소리를 듣다   slave 노예
- 프랑스 혁명이 시작되면서 더 이상 노예처럼 살지 않겠다는 민중봉기의 노래. 이 곡은 자유와 저항의 상징으로, 전 세계에서 민주주의와 혁명을 상징하는 대표적인 뮤지컬 노래로 사랑받고 있다.

005

I still,
I still believe.
You will return.
I know you will.
My heart against all odds hold still. –Miss Saigon

💡 난 여전히,
난 여전히 믿어요.
당신은 돌아올 거예요.
그래요, 당신은 그럴 거예요.
모든 역경 앞에서도, 내 마음은 흔들림 없이 그 믿음을 간직하고 있어요. 〈미스 사이공〉

- still 아직도   return 돌아오다   against all odds 모든 곤경에 처한   hold still 그대로 있다
- 〈미스 사이공〉의 대표적인 노래. 남자주인공 Chris를 잊지 못하는 여주인공 Kim과 Chris의 아내 Ellen이 부르는 듀엣으로 서로 다른 공간에서 한 남자에 대한 믿음과 사랑을 노래하는 곡이다.

English Handwriting Practice

004

따라써보기 Do you hear the people sing?

Singing a song of angry men?

It is the music of people

Who will not be slaves again!

필사해보기

005

따라써보기 I still, I still believe. You will return.

I know you will.

My heart against all odds hold still.

필사해보기

04 뮤지컬

006
He had it coming, he had it coming.
He only had himself to blame!
It you'd have been there, if you'd have seen it,
I betcha you would have done the same! – *Chicago*

> 그는 당해도 싸, 그래 맞아, 당해도 쌌지.
> 그 일은 전적으로 그의 책임이었어.
> 당신이 그 자리에 있었고 그걸 봤다면
> 장담컨대, 당신도 똑같이 했을 거야. 〈시카고〉

- have it coming 그것을 오게 하다=)그것을 초래하다
  only have oneself to blame 자업자득   betcha =〉 bet you
- 1920년대 시카고를 배경으로 부패한 사법제도와 이에 맞물린 범죄자가 설치는 현실을 비판하는 뮤지컬.

007
Memory.
Turn your face to the moonlight.
Let your memory lead you.
Open up, Enter in.
If you find there the meaning of what happiness is,
then a new life will begin. – *Cats*

> 기억.
> 달빛을 향해 얼굴을 돌려요.
> 기억이 당신을 이끌게 하세요.
> 마음을 열고, 들어가 보세요.
> 그곳에서 진정한 행복의 의미를 찾는다면
> 새로운 삶이 시작될 거예요. 〈캣츠〉

- turn one's face to~ …로 얼굴을 돌리다   lead 이끌다
- T.S.엘리엇의 연작시인 '지혜로운 고양이가 되기 위한 지침서'(Old Possum's Book of Practical Cats)를 원작으로 제작되었다. 늙은 고양이 그리자벨라의 비참한 현실 속에서도 내일의 희망을 잃지 않는다는 노래.

English Handwriting Practice

006

따라써보기 He had it coming, he had coming.

He only had himself to blame!

It you'd have been there, if you'd have seen it,

I betcha you would have done the same!

필사해보기

007

따라써보기 Memory. Turn your face to the moonlight.

Let your memory lead you. Open up, Enter in.

If you find there the meaning of what happiness is,

then a new life will begin.

필사해보기

04 뮤지컬

> **008**
>
> **Don't you get me wrong. I only want to know.**
> **Jesus Christ, Jesus Christ**
> **Who are you? What have you sacrificed?**
> **Jesus Christ, Jesus Christ**
> **Who are you? What have you sacrificed?**
> **Jesus Christ, Superstar**
> **Do you think you're what they say you are?**
> **Jesus Christ, Superstar**
> **Do you think you're what they say you are?**
>
> – Jesus Christ Superstar

💡 오해하지 마세요. 난 단지 알고 싶을 뿐이에요.
예수 그리스도, 예수 그리스도.
당신은 누구신가요?
당신은 무엇을 바치셨나요?
지저스 크라이스트 수퍼스타,
당신은 사람들이 말하는 그런 사람이신가요? 〈지저스 크라이스트 수퍼스타〉

- **Don't you get me wrong** you는 부정명령문을 강조한다. **sacrifice** 희생하다
- 앤드류 로이드 웨버가 예수의 마지막 7일간의 스토리를 재해석하면서 현대적으로 각색한 뮤지컬. 영화로도 제작 되었다. 이 가사는 '유다의 노래'라고 불리는 곡의 마지막 부분으로 예수를 향한 유다의 의문과 혼란, 회의가 강렬하게 담겨 있다.

English Handwriting Practice

008

따라써보기 Don't you get me wrong. I only want to know.

Jesus Christ, Jesus Christ

Who are you? What have you sacrificed?

Jesus Christ, Jesus Christ

Who are you? What have you sacrificed?

Jesus Christ, Superstar

Do you think you're what they say you are?

Jesus Christ, Superstar

Do you think you're what they say you are?

필사해보기

04 뮤지컬

009

Then I was inspired
Now, I'm sad and tired
After all I've tried for three years
Seems like ninety - why, then, am I
Scared to finish what I started?
What you started! - I didn't start it!

God, thy will is hard
But you hold every card
I will drink your cup of poison
Nail me to your cross and break me
Bleed me, beat me, kill me, take me now
Before I change my mind! 〈Gethsemane〉

예전의 확신에 차 있었어요
지금은 슬프고 지칠 뿐
결국, 3년 동안 노력했고, 그 시간은 마치 90년과 같았어요
어째서 저는 제가 시작한 일을 끝내는 걸 두려워하는 걸까요?
당신이 시작한 거잖아요. 제가 시작한 게 아니에요

주님, 너무나도 힘들어요
당신은 모든 걸 쥐고 계시잖아요
당신의 독잔을 마실 테니
저를 당신의 십자가에 못 박으시고, 부러뜨리시고
피 흘리게 하시고, 때리시고 죽이세요
지금 당장 절 데려가세요!
제가 마음을 바꾸기 전에 〈겟세마네〉

- inspire 영감을 주다 after all 결국 seem like~ …처럼 보이다
  be scared to+V … 하는 것을 두려워하다 thy = your hold every card 모든 것을 장악하고 있다
  nail 못으로 박다 the cross 십자가

- 십자가의 고난을 앞둔 예수가 홀로 겟세마네 동산에 올라 신에게 내면의 고뇌를 격하게 토로하는 독창곡으로 Ted Neeley의 초고음 열창은 전설로 회자될 만큼 폭발적인 고음과 감정을 담아내고 있다.

English Handwriting Practice

009

Then I was inspired Now, I'm sad and tired
After all I've tried for three years
Seems like ninety - why, then, am I
Scared to finish what I started?
What you started! - I didn't start it!
God, thy will is hard But you hold every card
I will drink your cup of poison
Nail me to your cross and break me
Bleed me, beat me, kill me, take me now
Before I change my mind!

04 뮤지컬

> **010**
>
> **In sleep he sang to me,**
> **In dreams he came**
> **That voice which calls to me**
> **And speaks my name**
> **And do I dream again?**
> **For now I find**
> **The phantom of the opera is there**
> **Inside my mind** ⟨The Phantom of the Opera⟩

💡 잠들었을 때 그는 내게 노래했어요
꿈속에서 그는 내게 다가왔죠
그 목소리는 나를 부르고
내 이름을 속삭여요
내가 또다시 꿈을 꾸고 있는 걸까요?
이제야 알겠네요
오페라의 유령은 여기에 있어요
내 마음속에 ⟨오페라의 유령⟩

- **for now** 이제　**inside my mind** 내 마음속에
- 프랑스 소설가 가스통 르루(Gaston Leroux)의 동명 소설을 원작으로 한 뮤지컬 ≪오페라의 유령≫은 파리 오페라좌의 지하 깊은 곳에 사는 팬텀과 여가수 크리스틴의 슬픈 사랑을 아름답고 강렬하게 그리고 있다. 팬텀과 함께 지하로 향하며 부르는 크리스틴의 가사이다.

English Handwriting Practice

010

따라써보기
In sleep he sang to me,
In dreams he came
That voice which calls to me
And speaks my name
And do I dream again?
For now I find
The phantom of the opera is there
Inside my mind

필사해보기

04 뮤지컬

> **011**
>
> **Nighttime sharpens, heightens each sensation**
> **Darkness stirs and wakes imagination**
> **Silently the senses abandon their defenses**
> **Slowly, gently, night unfurls its splendor**
> **Grasp it, sense it, tremulous and tender**
> **Turn your face away from the garish light of day**
> **Turn your thoughts away from cold, unfeeling light**
> **And listen to the music of the night.**
>
> – Phantom 〈The Music of the Night〉

밤은 감각을 날카롭고 예민하게 만들고
어둠은 상상을 자극해요
조용히, 감각은 경계를 허물고
천천히, 부드럽게 밤의 찬란함이 펼쳐지죠
붙잡고, 느껴봐요, 떨리면서도 다정하게
낮의 요란한 빛에서 얼굴을 돌리고
차갑고 무정한 빛에 대한 생각을 떨쳐내요
그리고 밤의 음악에 귀 기울이세요. 〈오페라의 유령〉

- **sharpen** 날카롭게 하다 **heighten** 고조시키다 **sensation** 감각 **stir** 휘젓다 **wake** …을 깨우다 **abandon** 포기하다 **unfurl** 펴다, 펼치다 **splendor** 화려함 **grasp** 휘어잡다 **tremulous** 떨리는 **garish** 화려한
- 앞의 오페라의 유령이라는 노래 못지 않게 많은 팬들이 좋아하는 팬텀의 감미로운 노래. 팬텀이 크리스틴에게 현실을 벗어난 환상의 세계, 감각과 어둠의 아름다움을 노래하는 장면이다.

English Handwriting Practice

011

따라써보기
Nighttime sharpens, heightens each sensation
Darkness stirs and wakes imagination
Silently the senses abandon their defenses
Slowly, gently, night unfurls its splendor
Grasp it, sense it, tremulous and tender
Turn your face away from the garish light of day
Turn your thoughts away from cold, unfeeling light
And listen to the music of the night.

필사해보기

04 뮤지컬

> **012**
>
> **Don't cry for me Argentina**
> **The truth is I never left you**
> **All through my wild days**
> **My mad existence**
> **I keep my promise**
> **Don't keep your distance.** 〈 *Evita*〉

💡 날 위해 울지 말아요, 아르헨티나
 당신들 곁을 떠난 적 없었어요
 힘든 날들, 혼란스러운 삶 속에서도
 전 약속을 지켰어요
 그러니 저와 거리를 두지 말아 주세요. 〈에비타〉

- **wild days** 거친 나날들   **keep one's promise** 약속을 지키다   **keep one's distance** 거리를 두다
- 아르헨티나 국민들이 사랑했던 영부인인 에비타로도 불렸던 에바 페론의 짧은 일생을 다룬 뮤지컬. 이 곡은 그녀가 국민들에게 진심을 전하며 부른 상징적인 고백이다.

English Handwriting Practice

012

따라써보기
Don't cry for me Argentina
The truth is I never left you
All through my wild days
My mad existence
I keep my promise
Don't keep your distance

필사해보기

CHAPTER 03

성경과 불경에서 찾은 지혜로운 말씀들

기독교의 성경과 불교의 불경 속에서 지금
현재에도 적용될 수 있는 지혜로운 말씀들을
집중적으로 모아 보았다.

---

01 성경말씀

02 불경말씀

01 성경말씀

001
But I tell you: Love your enemies and pray for those who persecute you. ⟨Matthew 5:44⟩

- 나는 너희에게 이르노니 너희 원수를 사랑하며 너희를 핍박하는 자를 위하여 기도하라. ⟨마태복음 5:44⟩

- enemy 적   pray for~ …을 위해 기도하다   persecute 학대하다, 핍박하다
- 성서에 원수를 사랑하라는 말씀은 사랑에 근거한 실천적 윤리를 강조하는 교훈 중에 가장 고차원적인 윤리적 가르침 중 하나이다. 원수에게 사랑을 베풀고 자기를 괴롭히는 사람을 저주하지 말고 그를 위해 기도하라는 말씀이다.

002
Do to others what you would have them do to you. ⟨Matthew 7:12⟩

- 남에게 대접받고 싶은 대로 너도 남을 대접하라. ⟨마태복음 7:12⟩

- have sb+V … 가 …하도록 하다   do to~ …에게 행하다
- 이 말씀은 예로부터 모든 인간관계의 황금률(Golden rule)이라 부른다. 남에게 대접을 받고 싶으면 그 기준으로 남에게 먼저 대접을 하라는 내용이다. 이것이 바로 율법과 예언서의 정신을 요약해놓은 것이며, 그리스도의 사랑을 의미한다.

003
Love your neighbors as yourself. ⟨Mark 12:31⟩

- 네 이웃을 네 자신과 같이 사랑하라. ⟨마가복음 12:31⟩

- neighbor 이웃(가까운 주변 사람이나 관계 속에 있는 모두를 말한다)   as yourself 너자신처럼
- 그리스도교 계명의 핵심은 사랑이다. 사랑의 하나님이 자신의 형상을 따라 인간도 사랑의 존재로 창조하셨다. 이 말씀은 누구든 자신과 가깝거나 관계를 맺고 있는 사람 모두를 마치 자신을 대하듯 진정으로 사랑하라는 내용이다.

English Handwriting Practice

001
따라써보기 But I tell you: Love your enemies and pray for those who persecute you.

필사해보기

002
따라써보기 Do to others what you would have them do to you.

필사해보기

003
따라써보기 Love your neighbors as yourself.

필사해보기

01 성경말씀

004
"Come, follow me," Jesus said, "and I will send you out to fish for people." ⟨Matthew 4:19⟩

 나를 따라 오너라 내가 너희로 사람을 낚는 어부가 되게 하리라. ⟨마태복음 4:19⟩

- follow 따르다 send sb out to~ …을 …하도록 보내다 fish 낚다
- 예수님께서 어부인 시몬과 안드레아 형제에게, 완전히 다른, '사람 낚는 어부'라는 삶의 새로운 패러다임을 요구하시며 새로운 사명을 부여하신다. '사람을 낚다'라는 말은 사람들에게 복음을 전하고 구원으로 인도하는 것을 비유적으로 표현하였다.

005
Even so every good tree brings forth good fruit; but a corrupt tree brings forth evil fruit. ⟨Matthew 7:17⟩

 이와 같이 좋은 나무는 좋은 열매를 맺고 나쁜 나무는 나쁜 열매를 맺게 마련이다. ⟨마태복음 7:17⟩

- bring forth 낳다 corrupt 타락한 evil 유해한
- 열매를 보면 나무를 알 수 있다; 즉, 행동을 보고 사람을 판단할 수 있다. 선한 사람은 선한 마음에서 선한 행동이 나오고, 악한 사람은 악한 마음에서 악한 행동이 나온다는 비유이다. 즉 사람의 열매(행동)를 보면 그 사람의 믿음과 본질을 알 수 있다는 내용이다.

006
Therefore do not worry about tomorrow, for tomorrow will worry about itself. Each day has enough trouble of its own. ⟨Matthew 6:34⟩

그러므로 내일 일을 염려하지 말아라. 내일 걱정은 내일에 맡겨라. 하루의 괴로움은 그 날에 겪는 것만으로 족하다. ⟨마태복음 6:34⟩

- therefore 그러므로 worry about~ …에 대해 걱정하다 for S+V …하기 때문에 of one's own 자기 자신의, 그만의
- 염려를 내려놓고 하나님을 온전히 신뢰하라는 말씀. 하나님의 나라를 위해 헌신할 때 우리의 필요는 하나님께서 책임지신다는 의미.

English Handwriting Practice

004

따라써보기 "Come, follow me," Jesus said, "and I will send you out to fish for people."

필사해보기

005

따라써보기 Even so every good tree brings forth good fruit; but a corrupt tree brings forth evil fruit.

필사해보기

006

따라써보기 Therefore do not worry about tomorrow, for tomorrow will worry about itself. Each day has enough trouble of its own.

필사해보기

01 성경말씀

007

Enter through the narrow gate. For wide is the gate and broad is the road that leads to destruction, and many enter through it. ⟨Matthew 7:13⟩

 좁은 문으로 들어가라 멸망으로 인도하는 문은 크고 그 길이 넓어 그리로 들어가는 자가 많다. ⟨마태복음 7:13⟩

- enter through~ …을 통해 들어가다　narrow gate 좁은 문　for S+V …하기 때문에
  broad 넓은　lead to~ …로 이끌다　destruction 파괴, 파멸
- 넓은 길은 편안함과 안락함을 제공하는 세속적인 삶을 의미하고, 좁은 문은 어렵고 힘든 진리의 길, 즉, 헌신과 신앙적 삶을 상징한다.

008

It is not what goes into the mouth that defiles a person, but what comes out of the mouth; this defiles a person. ⟨Matthew 15:11⟩

 입에 들어가는 것이 사람을 더럽게 하는 것이 아니라 입에서 나오는 그것이 사람을 더럽게 하는 것이니라. ⟨마태복음 15:11⟩

- go into the mouth 입으로 들어가다　defile 신성한 것을 더럽히다
- 바리새인들은 부정한 손으로 음식 먹는 것이 사람을 더럽힌다고 여겼지만, 예수님은 우리가 먹는 음식이 우리를 더럽게 하는 게 아니라 사람의 입을 통해 나오는 악한 생각들, 즉 욕설, 비난, 교만 등이 사람을 더럽힌다는 뜻이다.

009

"Truly I tell you," Jesus answered, "today—yes, tonight—before the rooster crows twice you yourself will disown me three times." ⟨Mark 14:30⟩

 예수님이 베드로에게 "내가 분명히 너에게 말하지만 바로 오늘 밤 닭이 두 번 울기 전에 네가 세 번이나 나를 모른다고 말할 것이다" 하셨다. ⟨마가복음 14:30⟩

- truly 진정으로　rooster 수탉　crow 수탉이 울다　disown 자기와 관련있음을 부인하다
- 예수님이 잡혀가자 예수님의 예언대로 베드로는 예수님을 모른다고 세번 부인한다. 이는 예수님이 모든 것을 알고 있음을 그리고 베드로는 인간의 나약함, 두려움을 드러내는 구절이다. 그러나 베드로는 훗날 회개를 통해 교회의 기둥이 된다.

English Handwriting Practice

007

따라써보기 Enter through the narrow gate. For wide is the gate and broad is the road that leads to destruction, and many enter through it.

필사해보기

008

따라써보기 It is not what goes into the mouth that defiles a person, but what comes out of the mouth; this defiles a person.

필사해보기

009

따라써보기 "Truly I tell you," Jesus answered, "today—yes, tonight—before the rooster crows twice you yourself will disown me three times."

필사해보기

01 성경말씀

010
Watch and pray so that you will not fall into temptation. The spirit is willing, but the flesh is weak.
⟨Mark 14:38⟩

> 💡 유혹에 빠지지 않도록 깨어 기도하라. 마음은 간절하나 몸이 말을 듣지 않는구나.
> ⟨마가복음 14:38⟩

- **watch** 영적으로 경계하거나 깨어 있다 **pray** 기도하다, 하나님의 도움을 청하다 **so that~** …하도록 **fall into temptation** 유혹에 빠지다 **spirit** 정신 **be willing** 기꺼이 하려고 하다 **flesh** 육신
- 스스로 간절히 원하는 것도 실천하기 힘들어하는 인간 본성의 나약함을 깨어 기도함으로 극복할 수 있다는 것이다. 이 부분은 하나님께 기도하는 것의 중요성, 인간의 나약함 등을 강조하고 있다.

011
Where there is a dead body, there the vultures will gather. ⟨Luke 17:37⟩

> 💡 시체가 있는 곳에는 독수리가 모여들기 마련이다. ⟨누가복음 17:37⟩

- **dead body** 시체, 주검 **vulture** 독수리 **gather** 모이다
- 세상종말과 하나님의 나라가 언제 오는지 묻는 사람들에게 예수님의 답변이다. 타락과 죄가 극심한 곳에 하나님의 심판이 임한다는 비유의 말씀. dead body는 죄악과 부패가 넘치는 세상을, vultures는 하나님의 심판을 상징한다.

012
Father, forgive them, for they do not know what they are doing. ⟨Luke 23:34⟩

> 💡 아버지, 저 사람들을 용서해 주십시오. 저들은 자기들이 하는 일을 모르고 있습니다.
> ⟨누가복음 23:34⟩

- **forgive** 용서하다 **for S+V** …하기 때문에
- 예수님은 자신을 조롱하면서 십자가에 못박힌 자들의 죄를 용서해 달라고 기도하신다. 이 글은 복음의 핵심인 '무조건적인 사랑과 용서'를 보여주는 부분이다.

English Handwriting Practice

010
따라써보기 Watch and pray so that you will not fall into temptation. The spirit is willing, but the flesh is weak.

필사해보기

011
따라써보기 Where there is a dead body, there the vultures will gather.

필사해보기

012
따라써보기 Father, forgive them, for they do not know what they are doing.

필사해보기

01 성경말씀

013
I am the good shepherd. The good shepherd lays down his life for the sheep. ⟨John 10:11⟩

 나는 선한 목자이다. 선한 목자는 양을 위해 자기 생명을 바친다. ⟨요한복음 10:11⟩

- shepherd 목자
  lay down one's life (자발적이고 희생적으로) …의 목숨을 버리다라는 의미로 타인을 위한 사랑의 극치를 나타낸다.
- 예수님은 스스로를 양을 위해 자기 목숨을 바치는 선한 목자에 비유한다. 목자가 자신의 양을 지키기 위해 목숨을 내놓듯이 예수님이 인류의 죄를 대신하여 십자가의 희생제물이 되는 것을 의미하며, 구속(救贖, 죄를 대속하여 구원함)을 상징함.

014
If you are wise, your wisdom will reward you; if you are a mocker, you alone will suffer. ⟨Proverbs 9:12⟩

 지혜를 얻으면 그 혜택은 자신에게 돌아가지만 조롱하는 자는 자기만 고통을 겪는다. ⟨잠언 9:12⟩

- wise 지혜로운   wisdom 지혜   reward 보상해주다(지혜의 열매를 누리다)   mocker 거만하고 교만한 자
  alone 혼자서, 자신에게   suffer 고통을 겪다, 해를 끼치다
- 지혜는 생명과 축복의 길로, 거만과 어리석음은 죽음과 파멸의 길로 이어진다는 것이다. 지혜롭게 살면 지혜로 유익을 얻는 반면, 거만은 훈계와 조언을 경청하지 않아 지혜와 지식을 얻지 못하여, 결국 자신을 해롭게 한다는 것을 뜻한다.

015
A generous person will prosper; whoever refreshes others will be refreshed. ⟨Proverbs 11:25⟩

남에게 은덕을 베풀어야 부유해지고 남을 대접해야 저도 대접을 받는다. ⟨잠언 11:25⟩

- generous 관대한, 아량있는   prosper 성하다, 부유해지다, 복을 받다   refresh 영적으로 회복시키다
- 얻기 위해서는 주어야만 하고, 쌓기 위해서는 흩어져야만 하고, 자신이 행복하기 위해서는 남을 행복하게 해야 하며, 영적으로 활력이 있으려면 다른 이들의 영적 이익을 추구해야 한다는 위대한 교훈.

English Handwriting Practice

013

따라써보기 I am the good shepherd. The good shepherd lays down his life for the sheep.

필사해보기

014

따라써보기 If you are wise, your wisdom will reward you; if you are a mocker, you alone will suffer.

필사해보기

015

따라써보기 A generous person will prosper; whoever refreshes others will be refreshed.

필사해보기

01 성경말씀

016
Let any one of you who is without sin be the first to throw a stone at her. ⟨*John 8:7*⟩

💡 너희 가운데 죄 없는 사람이 먼저 그 여자를 돌로 쳐라. ⟨요한복음 8:7⟩

- **without sin** 죄없는(여기서는 여인을 단죄할 만큼 자신이 의롭다고 생각하는 자를 말한다)
  be the first to~ 최초로 …을 하다   **throw a stone at~** …에게 돌을 던지다
- 율법학자들과 바리새인들이 예수님을 시험하여 고발할 목적으로, 간음한 여인을 데려왔다. 그들이 모세의 율법(당시 간음은 모세의 율법에 따라 투석살, 즉 '돌로 쳐죽이는' 중대한 죄였다)을 언급하며 예수님께 처분에 대한 답변을 재촉했을 때, 예수님께서 땅에 무언가를 쓰시며(십계명을 쓰셨을 것으로 추정) 하신 유명한 말씀이다. 율법에 어긋나지 않으면서, 인간 스스로 용서받아야 할 존재임을 인지하고 남을 정죄하는 심판자가 되지 않아야 한다는 교훈을 주고 있다.

017
This, too, shall pass away. ⟨*Solomon*⟩

💡 이 또한 지나가리라. ⟨솔로몬⟩

- **pass away** 사라지다, 지나가다
- 솔로몬이 말한 것으로 추정되는 유대 전통 속 격언이다. 고통받는 자에게 이 고통 또한 지나갈 거라는 위로를 해주고, 성공한 자에게는 이 또한 영원하지 않을 수 있으니 교만하지 말고 겸손할 것을 경계하고 있는 문구이다.

018
Ask and it will be given to you, seek and you will find; knock and the door will be opened to you. ⟨*Matthew 7:7*⟩

💡 구하라, 그러면 너희에게 주실 것이요. 찾으라, 그러면 찾을 것이요. 문을 두드려라, 그러면 너희에게 열릴 것이니라. ⟨마태복음 7:7⟩

- **ask** 간절히 구하다   **be given to~** …에게 주어지다   **seek** 찾다   **find** 진리를 찾다   **knock** 문을 두들기다
- 마태복음 5장~7장까지인 예수님의 산상설교(Sermon on the Mount) 중 하나. 지속적으로 그리고 간절한 믿음을 가지고 기도를 하면 하나님께서 응답하신다는 내용이다.

English Handwriting Practice

016
따라써보기 Let any one of you who is without sin be the first to throw a stone at her.

필사해보기

017
따라써보기 This, too, shall pass away.

필사해보기

018
따라써보기 Ask and it will be given to you, seek and you will find; knock and the door will be opened to you.

필사해보기

01 성경말씀

019

Jesus answered, "I am the way and the truth and the life. No one comes to the Father except through me."
⟨John 14:6⟩

 예수께서 이르시되, "나는 길이요 진리요 생명이니라. 나로 말미암지 않고는 아무도 아버지께로 올 수 없느니라." ⟨요한복음 14:6⟩

- answer 대답하다, 말하다 way 길 truth 진리 the Father 하나님 except 제외하고 through …을 통하여
- 예수님은 자신이 하나님께로의 길을 안내하는 안내자이자 하나님께 가는 유일한 길이며, 또한 진리를 가르칠 뿐만 아니라, 스스로 진리의 실체이기도 하고, 생명을 주실 뿐만 아니라, 생명 자체라는 의미. 예수님은 하나님께로 가는 유일한 통로라고 말하는 문장이다.

020

For whatever a person is sowing, this he will also reap. ⟨Galatians 6:7⟩

 뿌린 대로 거둔다. ⟨갈라디아서 6:7⟩

- sow 씨를 뿌리다 reap 거두다, 수확하다
- 육체를 위하여 심는 자는 육체로부터 썩어질 것을 거두고, 성령을 위하여 심는 자는 성령으로부터 영생을 거두리라는 의미. sow는 비유적으로 우리의 말, 행동, 가치관을, reap은 sow한 것에 상응하는 결과와 열매를 거두게 된다는 말씀이다.

021

Come to me, all you who are weary and burdened, and I will give you rest. ⟨Matthew 11:28⟩

수고하고 무거운 짐 진 자들아 다 내게로 오라 내가 너희를 쉬게 하리라. ⟨마태복음 11:28⟩

- weary 지친 burdened 무거운 짐을 진 give sb rest 안식을 주다, 쉬게 하다
- 창세기 3장 15절 이후 인간이 에덴동산에서 쫓겨나는 상황에서 처음으로 '수고'라는 단어가 나온다. 죄의 짐을 내려놓고 예수님을 믿으면 평화를 얻는다는 의미. 여기서 rest는 영혼의 안식, 죄의 용서, 그리고 하나님의 품에서 누리는 평안을 의미한다.

English Handwriting Practice

019

따라써보기 Jesus answered, "I am the way and the truth and the life. No one comes to the Father except through me."

필사해보기

020

따라써보기 For whatever a person is sowing, this he will also reap.

필사해보기

021

따라써보기 Come to me, all you who are weary and burdened, and I will give you rest.

필사해보기

01 성경말씀

022
The Lord is my shepherd. I lack nothing. ⟨Psalm 23:1⟩

💡 여호와는 나의 목자시니 내게 부족함이 없으리로다. ⟨시편 23:1⟩

- shepherd 목자   lack 부족하다
- 다윗은 하나님을, 양들을 잘 기르고 보호하고 인도하는 선한 목자로 비유하며 자신에게 베풀어주신 많은 은총에 대해 찬미의 노래를 부른다. 다시 말해 이 구절은 하나님 안에 있을 때 참된 만족과 충만함이 있다라는 의미이다.

023
The thief comes only to steal and kill and destroy, I have come that they may have life, and have it to the full. ⟨John 10:10⟩

💡 도둑이 오는 것은 도둑질하고 죽이고 멸망시키려는 것뿐이요 내가 온 것은 양으로 생명을 얻게 하고 더 풍성히 얻게 하려는 것이라. ⟨요한복음 10:10⟩

- thief 도둑   steal 훔치다   destroy 파괴하다, 멸망시키다   have it to the full 풍만하고 넘치는 삶을 누리다
- 여기서 도둑은 사탄을 상징한다. 사탄은 인간의 평화와 기쁨을 빼앗고 영적, 정신적, 육체적으로 파괴하려 하고, 예수님은 인류에게 영원한 생명을 주기 위해 오셨다는 것. 즉 예수님은 구원자이고 생명의 근원이신 분이라고 말하는 내용.

024
Whoever finds their life will lose it, and whoever loses their life for my sake will find it. ⟨Matthew 10:39⟩

💡 자기 목숨을 얻는 자는 잃을 것이요 나를 위하여 자기 목숨을 잃는 자는 얻으리라.
⟨마태복음 10:39⟩

- whoever 누구든지   lose 잃다   for one's sake …을 위하여
- 자기 자신만을 위한 세속적인 삶을 사는 자는 영원한 생명을 잃을 것이요, 그리스도 복음과 이웃을 위해 자신을 희생하여 고난의 십자가를 지는 자는 영원한 생명을 얻으리라는 의미이다.

English Handwriting Practice

022

따라써보기 The Lord is my shepherd. I lack nothing.

필사해보기

023

따라써보기 The thief comes only to steal and kill and destroy, I have come that they may have life, and have it to the full.

필사해보기

024

따라써보기 Whoever finds their life will lose it, and whoever loses their life for my sake will find it.

필사해보기

01 성경말씀

025
Again I tell you, it is easier for a camel to go through the eye of a needle than for someone who is rich to enter the kingdom of God. 〈Matthew 19:24〉

> 내가 다시 말하지만 부자가 하나님의 나라에 들어가는 것보다 낙타가 바늘귀로 통과하는 것이 더 쉽다. 〈마태복음 19:24〉

- Again I tell you 다시 말하노니(앞에서 한 말을 다시 강조해서 말할 때)　camel 낙타　go through~ …을 통과하다　the eye of a needle 바늘구멍, 바늘귀
- 하나님보다 물질적 재산에 더 집착하는 부자는 하나님으로부터 영적 생명을 얻을 수 없다는 말이다. 낙타가 바늘귀를 통과한다는 말은 비유적으로 절대 불가능한 일을 의미한다.

026
Therefore I tell you, whatever you ask for in prayer, believe that you have received it, and it will be yours.
〈Mark 11:24〉

> 그러므로 내가 너희에게 말한다. 너희가 기도하고 구하는 것은 무엇이든지 받은 줄로 믿어라. 그러면 그대로 될 것이다. 〈마가복음 11:24〉

- therefore 그러므로　ask for 요구하다, 구하다　prayer 기도　receive 받다
- 하나님의 존재를 의심하지 않고, 진정한 기도를 드린다면 하나님으로부터 응답을 받을 수 있으니, 믿음과 확신을 가지고 기도하라는 가르침이다. 기도하는 것의 중요성을 다시 강조하고 있다.

027
"Father," he said, "everything is possible for you. Take this cup from me. Yet not what I will, but what you will."
〈Mark 14:36〉

> "아버지, 아버지께서는 모든 것을 하실 수 있습니다. 이 잔을 내게서 거두어 주십시오. 그러나 나의 뜻이 아니라 아버지의 뜻대로 하소서." 〈마가복음 14:36〉

- Father 하나님　take~ from …에게서 …을 가져가다
- 예수님이 잡히시기 전 겟세마네 동산에서 기도하는 장면에서 나오는 말씀이다. 인간적인 고통과 동시에 하나님에 대한 완전한 순종이 담긴 기도이다. 이 구절은 자신의 마음을 솔직하게 말하되, 하나님에 대한 사랑과 신뢰 안에서 하나님의 뜻을 따라야 하는 기도의 모범을 보여준다.

English Handwriting Practice

025

따라써보기 Again I tell you, it is easier for a camel to go through the eye of a needle than for someone who is rich to enter the kingdom of God.

필사해보기

026

따라써보기 Therefore I tell you, whatever you ask for in prayer, believe that you have received it, and it will be yours.

필사해보기

027

따라써보기 "Father," he said, "everything is possible for you. Take this cup from me. Yet not what I will, but what you will."

필사해보기

01 성경말씀

028

Glory to God in the highest heaven, and on earth peace to those on whom his favor rests. ⟨Luke 2:14⟩

지극히 높은 곳에서는 하나님께 영광이요, 땅에서는 그분의 은총을 입은 사람들에게 평화로다. ⟨누가복음 2:14⟩

- **Glory to~** …에 영광   **on earth** 지상에서   **favor** 하나님의 은총   **rest** 머무르다, 임하다
- 예수님 탄생의 의미를 말해주는 구절이다. 예수님이 이 땅에 오신 것은 하나님께는 영광이고, 지상에서 믿음을 가진 자들은 하나님의 구원을 통해 참된 평화를 누리게 된다는 말씀이다.

029

I am the vine; you are the branches. If you remain in me and I in you, you will bear much fruit; apart from me you can do nothing. ⟨John 15:5⟩

나는 포도나무요 너희는 가지니, 사람이 내 안에 거하고 내가 그 안에 거하면 그 사람은 많은 열매를 맺나니, 나를 떠나서는 너희가 아무것도 할 수 없다. ⟨요한복음 15:5⟩

- **vine** 포도나무   **branch** 나무의 가지   **remain** 머물다   **bear much fruit** 많은 열매를 맺다
  apart from~ …없이는, …을 떠나서는 (하나님과 단절된 상태를 묘사)
- 예수님이 자신과 제자와의 관계를 포도나무와 가지에 비유한 구절이다. 즉, 기도와 묵상으로 예수님과의 지속적인 관계를 유지해야 성령의 열매(사랑, 기쁨, 화평, 인내, 자비, 양선, 충성, 온유, 절제)를 맺을 수 있다는 것.

030

Until now you have not asked for anything in my name. Ask and you will receive, and your joy will be complete.
⟨John 16:24⟩

이제까지는 너희가 내 이름으로 아무것도 구하지 않았으나 구하여라. 그러면 받을 것이며 너희 기쁨이 넘칠 것이다. ⟨요한복음 16:24⟩

- **until now** 지금까지   **ask for** 구하다, 원하다   **in one's name** …의 이름으로   **joy** 기쁨   **be complete** 충만하다
- 예수님이 잡히기 전에 제자들에게 하신 말씀. '너희가 내 이름으로 아버지께 구하는 것은 무엇이든지 주실 것이다.' 더 쉽게 풀어쓰자면, 예수님의 이름으로 기도하면 하나님께서 응답하신다라는 말씀.

English Handwriting Practice

028

따라써보기 Glory to God in the highest heaven, and on earth peace to those on whom his favor rests.

필사해보기

029

따라써보기 I am the vine; you are the branches. If you remain in me and I in you, you will bear much fruit; apart from me you can do nothing.

필사해보기

030

따라써보기 Until now you have not asked for anything in my name. Ask and you will receive, and your joy will be complete.

필사해보기

01 성경말씀

031
The Lord is my light and my salvation, whom shall I fear? The Lord is the stronghold of my life of whom shall I be afraid? ⟨Psalm 27:1⟩

> 여호와는 나의 빛이요 나의 구원이시니 내가 누구를 두려워하리요. 여호와는 내 생명의 피난처이시니 내가 누구를 무서워하리요. ⟨시편 27:1⟩

- Lord 주 salvation 구원 stronghold 근거지, 하나님으로부터 안전하게 보호받는 곳 be afraid 두려워하다
- 다윗은 하나님을 빛 그리고 구원에 비유한다. 다시 말해 하나님이 바른 길로 인도하시고 모든 두려움으로부터 구원해주시고 하나님이 안전하게 보호해주시니 아무 두려움이 없다고 칭송하는 구절이다.

032
When Jesus spoke again to the people, he said, 'I am the light of the world. Whoever follows me will never walk in darkness but will have the light of life. ⟨John 8:12⟩

> 예수께서 또 말씀하셨다. 나는 세상의 빛이다. 누구든 나를 따르는 자는 어둠 속을 걷지 않고 생명의 빛을 얻을 것이다. ⟨요한복음 8:12⟩

- light 빛 whoever 누구든지 follow 따르다 darkness 어둠
- '세상의 빛'(the light of the world)은 세상에 생명을 주는 빛, 즉 메시아, 예수님을 뜻한다. 즉 예수님은 하나님의 진리와 생명을 밝히는 유일한 빛으로 자신을 따르는 자는 고통과 죄악의 길을 벗어나 바른 길로 살아갈 수 있음을 말함.

033
Be strong and courageous. Do not be afraid; do not be discouraged, for the Lord your God will be with you wherever you go. ⟨Joshua 1:9⟩

> 강하고 담대하라. 두려워하지 말고 낙담하지 마라. 네가 어디로 가든지 네 하나님 여호와께서 너와 함께 하실 것이다. ⟨여호수아 1:9⟩

- courageous 용기있는 be afraid 두려워하다 be discouraged 낙담하다 for …하기 때문에
- 하나님은 모세가 죽은 후 여호수아에게 요단강을 건너 약속의 땅으로 갈 것을 명령하면서 격려하는 부분이다. '강하고 담대하라'는 인간적인 용기가 아닌, 하나님의 명령과 말씀에 기반한 영적 용기를 의미한다.

English Handwriting Practice

031

따라써보기 The Lord is my light and my salvation, whom shall I fear? The Lord is the stronghold of my life of whom shall I be afraid?

필사해보기

032

따라써보기 When Jesus spoke again to the people, he said, 'I am the light of the world. Whoever follows me will never walk in darkness but will have the light of life.

필사해보기

033

따라써보기 Be strong and courageous. Do not be afraid; do be discouraged, for the Lord your God will be with you wherever you go.

필사해보기

01 성경말씀

034
Man shall not live on bread alone, but on every word that comes from the mouth of God. ⟨Matthew 4:4⟩

💡 사람은 빵만으로 살 것이 아니요, 하나님의 입에서 나오는 모든 말씀으로 살 것이다. ⟨마태복음 4:4⟩

- live on …로 살다 come from …에서 나오다
- 인간은 물질적인 음식으로는 진정한 삶을 유지할 수 없기 때문에 영적 양식인 하나님의 말씀에 따라야 한다는 의미이다. 여기서 bread는 육체적으로 생존하기 위해서 필요한 돈, 재산, 음식을 말한다. 반면 하나님의 말씀(the Mouth of God)은 영혼의 양식이고 생명의 근원을 상징한다.

035
Love is patient, love is kind. It does not envy, it does not boast, it is not proud. It does not dishonor others, it is not self-seeking, it is not easily angered, it keeps no record of wrongs. Love does not delight in evil but rejoices with the truth. It always protects, always trusts, always hopes, always perseveres. Love never fails. ⟨Corinthians 13:4-8⟩

💡 사랑은 오래 참고, 사랑은 친절하며, 시기하지 아니하며, 자랑하지 아니하며, 교만하지 아니하며, 무례히 행하지 아니하고, 자신의 유익을 구하지 아니하며, 성내지 아니하며, 악한 것을 생각하지 아니하며, 불의를 기뻐하지 아니하고 진리와 함께 기뻐하며, 모든 것을 참으며, 모든 것을 믿으며, 모든 것을 바라며, 모든 것을 견디느니라. 사랑은 언제까지나 없어지지 않습니다. ⟨고린도전서 13:4-8⟩

- patient 인내심있는, 참는 envy 질투하다 boast 자랑하다 dishonor 다른 사람을 망신주다 self-seeking 이기적인 keep no record of~ …을 기록해두다, 생각하다 delight in evil 불의를 기뻐하다 rejoice with~ …와 함께 기뻐하다 protect 보호하다 persevere 인내하다 fail 실패하다
- 바울 사도가 고린도 교회에 진정한 사랑이 무엇인지 알려주기 위해서 쓴 것으로 가장 잘 알려진 성경구절 중의 하나이다. 이는 하나님이 우리를 사랑하는 아가페적인 사랑, 그리고 예수님을 따르는 모든 신자들이 지향해야 할 사랑의 모습이다.

English Handwriting Practice

034

따라써보기 Man shall not live on bread alone, but on every word that comes from the mouth of God.

필사해보기

035

따라써보기 Love is patient, love is kind. It does not envy, it does not boast, it is not proud. It does not dishonor others, it is not self-seeking, it is not easily angered, it keeps no record of wrongs. Love does not delight in evil but rejoices with the truth. It always protects, always trusts, always hopes, always perseveres. Love never fails.

필사해보기

01 성경말씀

> **036**
> **And now these three remains: faith, hope, and love. But the greatest of these is love.** ⟨Corinthians 13:13⟩
>
> 💡 이제 믿음, 소망, 사랑 이 세가지가 있으나 그 중에 제일은 사랑이라. ⟨고린도전서 13:13⟩

- remain 남다 faith 믿음
- 고린도 13절은 사랑에 관한 말씀이 많아서 사랑장이라는 말도 듣는다. 믿음과 소망은 이 땅에서의 삶이 끝나면 없어지지만 사랑은 영원히 남기 때문에 가장 중요하다고 하는 말씀이다.

> **037**
> **He called a little child to him, and placed the child among them. And he said: "Truly I tell you, unless you change and become like little children, you will never enter the kingdom of heaven."** ⟨Matthew 18:2-3⟩
>
> 그래서 예수님은 한 어린 아이를 불러 그들 가운데 세우고 이렇게 말씀하셨다. "내가 분명히 말해둔다. 너희가 변화되어 어린 아이와 같이 되지 않으면 결코 하늘 나라에 들어가지 못할 것이다. ⟨마태복음 18:2-3⟩

- place …에 세우다   among them 그들 가운데   unless …하지 않는다면(if not)   become like~ …처럼 되다
  the kingdom of heaven 천국, 하늘 나라
- 세속에 물든 사람들이 회개하여 순수한 존재인 어린 아이처럼 자기를 낮추지(겸손하지) 않는다면 하늘나라에 들어가지 못한다는 강력한 경고이다.

English Handwriting Practice

036

따라써보기 And now these three remains: faith, hope, and love. But the greatest of these is love.

필사해보기

037

따라써보기 He called a little child to him, and placed the child among them. And he said: "Truly I tell you, unless you change and become like little children, you will never enter the kingdom of heaven."

필사해보기

01 성경말씀

> **038**

Our Father who art in heaven, hallowed be thy name. Thy kingdom come, thy will be done on earth as it is in heaven. Give us this day our daily bread. And forgive us our debts, as we also have forgiven our debtors. And lead us not into temptation, but deliver us from evil. For thine is the kingdom, and the power, and the glory, forever. Amen. ⟨Matthew 6:9-13, the Lord's Prayer⟩

- 하늘에 계신 우리 아버지, 아버지의 이름이 거룩히 여김을 받으소서. 아버지의 나라가 오시며, 아버지의 뜻이 하늘에서와 같이 땅에서도 이루어지이다. 오늘 우리에게 필요한 양식을 주옵소서. 그리고 우리에게 죄 지은 자를 용서한 것처럼 우리 죄를 용서하시고, 우리를 시험에 들지 말게 하옵시고, 악에서 구하소서. 나라와 권능과 영광이 아버지께 영원히 있사옵니다. 아멘. ⟨마태복음 6:9-13 주기도문⟩

- **art** 고어로 현재의 are **hallowed** 소중한, 신성한 **thy** 당신의(your) **daily bread** 양식 **debt** (비유적으로) 도덕적 죄, 영적 부채 **temptation** 유혹 **deliver** 구하다, …로부터 데리고 가다 **evil** 악 **thine** 당신의 것(yours)
- 예수님께서 직접 가르치신 주기도문은 단순히 기도의 모범으로 알려줄 뿐만 아니라 인간과 하나님 사이의 관계, 인간의 소망, 그리고 인간의 믿음을 다루는 깊이 있는 기도이다.

> **039**

And no one pours new wine into old wineskins. Otherwise, the wine will burst the skins, and both the wine and the wineskins will be ruined. No, they pour new wine into new wineskins. ⟨Mark 2:22⟩

아무도 새 포도주를 헌 가죽 부대에 담지 않는다. 그렇게 하면 포도주가 부대를 터뜨려 포도주도 부대도 버리게 된다. 새 포도주는 새 부대에 담아야 한다. ⟨마가복음 2:22⟩

- **pour** 따르다 **wineskin** 포도주를 담는 부대 **otherwise** 그렇지 않으면 **burst** 터뜨리다 **ruin** 망가지다
- 예수님의 새 교훈과 기존의 형식적인 율법을 한 곳에 담을 수 없음을 비유적으로 언급함. 여기서 새 포도주는 예수님이 가지고 오신 새로운 가르침, 성령의 역사를 말하며, 낡은 가죽 부대(old wineskins)는 바리새인들이 율법주의, 전통에 갇힌 형식적인 신앙을 말한다.

English Handwriting Practice

038

따라써보기 Our Father who art in heaven, hallowed be thy name. Thy kingdom come, thy will be done on earth as it is in heaven. Give us this day our daily bread. And forgive us our debts, as we also have forgiven our debtors. And lead us not into temptation, but deliver us from evil. For thine is the kingdom, and the power, and the glory, forever. Amen.

필사해보기

039

따라써보기 And no one pours new wine into old wineskins. Otherwise, the wine will burst the skins, and both the wine and the wineskins will be ruined. No, they pour new wine into new wineskins.

필사해보기

01 성경말씀

> **040**
>
> **You brood of vipers! How can you speak good, when you are evil? For out of the abundance of the heart the mouth speaks. The good person out of his good treasure brings forth good, and the evil person out of his evil treasure brings forth evil.** ⟨*Matthew 12:34-35*⟩

- 💡 독사의 자식들아! 너희는 악한데 어떻게 선한 말을 할 수 있겠느냐? 이는 마음에 가득한 것이 입으로 나오기 때문이다. 선한 사람은 선한 것을 마음에 쌓아 두었다가 선한 것을 내놓고 악한 사람은 악한 것을 마음에 쌓아 두었다가 악한 것을 내놓는 것이 아니겠느냐. ⟨마태복음 12:34-35⟩

- **brood** 자식들 **viper** 독사 **speak good** 선한 말을 하다 **evil** 악마
  out of the abundance of the heart 마음에 가득한 것에서 **good treasure** 선한 보화(선한 성품, 진실함, 사랑 등을 의미)
  bring forth good 선한 것을 내보이다
- 열매를 보아 나무를 알 수 있다. 우리의 내면이 선하면 입에서 선한 말이 나오고, 반대로 내면이 악하면 우리의 말과 행동 역시 악하다는 것을 의미하는 말씀이다.

> **041**
>
> **Consider it pure joy, my brothers and sisters, whenever you face trials of many kinds, because you know that the testing of your faith produces perseverance.** ⟨*James 1:2-3*⟩

- 💡 내 형제들아 너희가 여러 가지 시험을 당하거든 온전히 기쁘게 여기라 이는 너희 믿음의 시련이 인내를 만들어 내는 줄 너희가 앎이라. ⟨야고보서 1:2-3⟩

- **consider** 간주하다, 여기다 **pure joy** 순수한 기쁨 **face trials** 시련들을 직면하다 **faith** 믿음
  produce 만들다, 생산하다 **perseverance** 인내
- 믿음을 흔드는 삶의 시련에 시험당하더라도 신실하게 믿음을 끝까지 인내를 가지고 지켜내면 믿음이 성장하는 영적 성숙의 기회가 될 거라는 가르침이다.

English Handwriting Practice

040

따라써보기 You brood of vipers! How can you speak good, when you are evil? For out of the abundance of the heart the mouth speaks. The good person out of his good treasure brings forth good, and the evil person out of his evil treasure brings forth evil.

필사해보기

041

따라써보기 Consider it pure joy, my brothers and sisters, whenever you face trials of many kinds, because you know that the testing of your faith produces perseverance.

필사해보기

01 성경말씀

042
And Jesus said unto them, Because of your unbelief: for verily I say unto you, if ye have faith as a grain of mustard seed, ye shall say unto this mountain, remove hence to yonder place; and it shall remove; and nothing shall be impossible unto you. ⟨Matthew 17:20⟩

> 💡 그리고 예수님은 그들에게 이렇게 말씀하셨다. 너희 믿음이 작은 까닭이니라 진실로 너희에게 이르노니 만일 너희에게 믿음이 겨자씨 한 알만큼만 있어도 이 산을 명하여 여기서 저기로 옮겨지라 하면 옮겨질 것이요 또 너희가 못할 것이 없으리라. ⟨마태복음 17:20⟩

- **say unto** 고어로 say to로 생각하면 된다. **because of~** …때문에 **unbelief** 불신, 믿지 못함 **verily** 참으로, 진정으로 **ye** 너희들(you) **have faith** 믿음을 갖다 **as a grain of~** 한 알의 …처럼, …의 한 알만큼 **remove** 이동하다 **hence to yonder place** 여기서 저기로(from here to there) *고어로 yonder place는 there임.
- 예수님이 제자들에게 믿음이 부족하다고 지적하는 부분이다. 하나님을 전적으로 신뢰하는 참된 믿음은 불가능을 가능케 하는 초월적 능력을 지닌다는 말씀이다.

043
To the Jews who had believed him, Jesus said, "If you hold to my teaching, you are really my disciples. Then you will know the truth, and the truth will set you free." ⟨John 8:31-32⟩

> 💡 그래서 예수님이 자기를 믿는 유대인들에게 말씀하셨다. "너희가 내 말대로 살면 참으로 내 제자가 되어 진리를 알게 될 것이며 그 진리가 너희를 자유롭게 할 것이다." ⟨요한복음 8:31-32⟩

- **believe** 믿다 **hold to~** …을 지키다 **disciple** 제자 **set sb free** …을 자유롭게 하다
- 가장 잘 알려진 문장이라고 해도 될 "The Truth Will Set You Free"(진리가 너희를 자유케하리라) 구절이 나오는 부분이다. 예수님을 진정으로 믿으면 그 말씀 안에서 진리를 경험하고 영적 자유를 얻는다는 내용이다.

English Handwriting Practice

042

`따라써보기` And Jesus said unto them, Because of your unbelief: for verily I say unto you, if ye have faith as a grain of mustard seed, ye shall say unto this mountain, remove hence to there; and it shall remove; and nothing shall be impossible unto you.

`필사해보기`

043

`따라써보기` To the Jews who had believed him, Jesus said, "If you hold to my teaching, you are really my disciples. Then you will know the truth, and the truth will set you free."

`필사해보기`

01 성경말씀

044
A new command I give you, Love one another. As I have loved you, so you must love one another. By this everyone will know that you are my disciples, if you love one another. ⟨*John 13:34-35*⟩

 새 계명을 너희에게 주노니 서로 사랑하라 내가 너희를 사랑한 것 같이 너희도 서로 사랑하라 너희가 서로 사랑하면 이로써 모든 사람이 너희가 내 제자인 줄 알리라. ⟨요한복음 13:34-35⟩

- command 계명 one another 서로 as S+V …한 것처럼, …한 것같이 by this 이럼으로써 disciple 제자
- 새 계명은 이전의 율법적인 사랑을 넘어선 본질적이고 근본적인 사랑을 말한다. 다시 말해서 예수님이 십자가에서 못 박히신 희생적이고 무조건적인 사랑을 말하며, 이 사랑은 그리스도인의 정체성의 핵심이 된다.

045
Jesus replied: 'Love the Lord your God with all your heart and with all your soul and with all your mind.' This is the first and greatest commandment. And the second is like it: Love your neighbor as yourself.' All the Law and the Prophets hang on these two commandments." ⟨*Matthew 22:37-40*⟩

 예수께서 이르시되 네 마음을 다하고 목숨을 다하고 뜻을 다하여 주 너의 하나님을 사랑하라 하셨으니 이것이 크고 첫째 되는 계명이요, 둘째도 그와 같으니 네 이웃을 네 자신 같이 사랑하라 하셨으니, 이 두 계명이 온 율법과 선지자의 강령이니라. ⟨마태복음 22:37-40⟩

- reply 답하다 with all one's heart 온 마음을 다하여 commandment 계명 be like it 그것만큼(첫번째 계명) 중요하다, 첫째 계명처럼 중요한 사랑의 계명이다 the Law and the Prophets 하나님의 계시 전체 hang on …에 달려 있다
- 진심으로 하나님을 예배하고 따르고 또한 다른 사람들을 자기 자신처럼 사랑을 하라는 말씀이다. 신앙생활의 핵심이 무엇인지 그리고 신앙이 어떻게 삶 속에서 드러나야 하는 지 명확히 알려주는 구절이다.

English Handwriting Practice

044

따라써보기 A new command I give you, Love one another. As I have loved you, so you must love one another. By this everyone will know that you are my disciples, if you love one another.

필사해보기

045

따라써보기 Jesus replied: 'Love the Lord your God with all your heart and with all your soul and with all your mind.' This is the first and greatest commandment. And the second is like it: Love your neighbor as yourself.' All the Law and the Prophets hang on these two commandments."

필사해보기

01 성경말씀

046
For God so loved the world, that he gave his only begotten Son, that whosoever believeth in him should not perish, but have everlasting life. ⟨John 3:16⟩

> 하나님이 세상을 이처럼 사랑하사 독생자를 주셨으니 이는 저를 믿는 자마다 멸망치 않고 영생을 얻게 하심이니라. ⟨요한복음 3:16⟩

- **for S+V** …하기 때문에 **only begotten** 오직 하나뿐인 낳은 아들, 독생자 **believeth** 고어로 believe의 3인칭 단수 **perish** 사라지다 **everlasting** 영원한
- 이 구절은 성경의 한 줄 요약이라고 할 수 있다. 하나님께서 인류에 대한 무한한 사랑으로, 이 세상에 독생자(only begotten son), 인간인 동시에 신인 유일한 존재, 예수님을 보내셔서, 그를 믿는 자마다 영원한 생명을 준다는 구원의 의미를 설명한다.

047
Woe to you, teachers of the law and Pharisees, you hypocrites! You clean the outside of the cup and dish, but inside they are full of greed and self-indulgence. Blind Pharisee! First clean the inside of the cup and dish, and then the outside also will be clean. ⟨Matthew 23:25⟩

> 율법학자들과 바리새파 사람들아, 너희 위선자들에게 불행이 닥칠 것이다. 너희가 잔과 접시의 겉은 깨끗하게 하지만 그 속에는 탐욕과 방탕으로 가득 차 있다. 눈 먼 바리새인이여! 먼저 잔의 안을 깨끗이 하라. 그래야 겉도 깨끗하게 될 것이다." ⟨마태복음 23:25⟩

- **Woe to you** 너희에게 화가 미칠것이다 **Pharisee** 바리새인 **hypocrite** 위선자 **inside** …의 안의 **greed** 탐욕 **self-indulgence** 방종 **blind** 눈 먼
- 예수님께서 율법학자들과 바리새인들에게 하신 일곱 가지 선언 중 하나이다. 그들은 외적으로 율법을 지키는데 주력하는 것처럼 보이나, 안을 들춰 보면 그들의 신앙은 위선적이고 죄악으로 가득한 삶을 살고 있다고 신랄하게 비난하는 구절이다. 예수님은 더욱 중요한 정의와 자비와 신의와 사랑의 법을 지키지 않는 그들의 위선에 대해 책망한다.

English Handwriting Practice

046

따라써보기 For God so loved the world, that he gave his only begotten Son, that whosoever believeth in him should not perish, but have everlasting life.

필사해보기

047

따라써보기 Woe to you, teachers of the law and Pharisees, you hypocrites! You clean the outside of the cup and dish, but inside they are full of greed and self-indulgence. Blind Pharisee! First clean the inside of the cup and dish, and then the outside also will be clean.

필사해보기

01 성경말씀

048
So do not fear, for I am with you; do not be dismayed, for I am your God. I will strengthen you and help you; I will uphold you with my righteous right hand.

⟨Isaiah 41:10⟩

💡 두려워하지 말라 내가 너와 함께 함이니라 놀라지 말라 나는 네 하나님이 됨이니라 내가 너를 굳세게 하리라 참으로 너를 도와주리라 참으로 나의 의로운 오른손으로 너를 붙들리라.
⟨이사야 41:10⟩

- **fear** 두려워하다 **for S+V** …하기 때문에 **be with sb** …와 함께 하다 **be dismayed** 놀라다, 낙담하다
  strengthen 굳세게 하다 **uphold** 옹호하다 **righteous** 옳은, 당연한
- 하나님의 약속을 믿는다는 것은 단순한 지적인 동의가 아니라, 나를 내려놓고 모든 것을 주님께 온전히 맡기는 전적인 신뢰이기에 두려워할 필요가 없다. 하나님 안에서 평안과 용기를 얻을 수 있기 때문이라는 말씀.

English Handwriting Practice

048

따라써보기 So do not fear, for I am with you; do not be dismayed, for I am your God. I will strengthen you and help you; I will uphold you with my righteous right hand.

필사해보기

01 성경말씀

049

See that you do not despise one of these little ones. For I tell you that their angels in heaven always see the face of my Father in heaven. "What do you think? If a man owns a hundred sheep, and one of them wanders away, will he not leave the ninety-nine on the hills and go to look for the one that wandered off? And if he finds it, truly I tell you, he is happier about that one sheep than about the ninety-nine that did not wander off. In the same way your Father in heaven is not willing that any of these little ones should perish.

⟨Matthew 18:10-14⟩

너희는 이런 어린 아이 하나라도 업신여기지 않도록 조심하라. 그들의 천사들이 하늘에 계신 내 아버지를 항상 뵙고 있다. 너희는 어떻게 생각하느냐? 어떤 사람에게 양 백 마리가 있는데 그 중에 한 마리가 길을 잃으면 아흔아홉 마리를 산에 두고 가서 길 잃은 양을 찾지 않겠느냐? 내가 너희에게 분명히 말하지만 그가 양을 찾으면 길을 잃지 않은 아흔아홉 마리 양보다 그 한 마리 양 때문에 더 기뻐할 것이다. 이와 같이 하늘에 계신 너희 아버지께서는 이런 어린 아이 하나라도 잃는 것을 원치 않으신다. ⟨마태복음 18:10-14⟩

- see that S+V …하도록 조심하다　despise 멸시하다, 업신여기다　for S+V …이기 때문에
  wander away …에서 처지다　go to look for~ …을 찾으러 가다　in the same way 같은 방식으로
  be not willing that~ …을 원하지 않다　perish 사라지다

- 믿음이 약한 자, 사회적으로 무시당하는 자, 그리고 죄의 유혹이나 세상의 쾌락에 빠져 방황하는 '길 잃은 양'과 같은 사람들을 업신여기지 말라는 말씀이다. 길잃은 양을 찾았을 때, 즉 그들이 회개할 때 기쁨은 더욱 크다는 의미. 하나님은 한 사람도 잃어버리지 않는다라는 내용이다. "나는 잃어버린 사람을 구원하러 왔다"는 말씀으로 누가복음 19장 10절과도 상통한다.

English Handwriting Practice

049

따라써보기 See that you do not despise one of these little ones. For I tell you that their angels in heaven always see the face of my Father in heaven. "What do you think? If a man owns a hundred sheep, and one of them wanders away, will he not leave the ninety-nine on the hills and go to look for the one that wandered off? And if he finds it, truly I tell you, he is happier about that one sheep than about the ninety-nine that did not wander off. In the same way your Father in heaven is not willing that any of these little ones should perish.

필사해보기

01 성경말씀

050

Blessed are the poor in spirit, for theirs is the kingdom of heaven.

Blessed are those who mourn, for they will be comforted.

Blessed are the meek, for they will inherit the earth.

Blessed are those who hunger and thirst for righteousness, for they will be filled.

Blessed are the merciful, for they will be shown mercy.

Blessed are the pure in heart, for they will see God.

Blessed are the peacemakers, for they will be called sons of God.

Blessed are those who are persecuted because of righteousness, for theirs is the kingdom of heaven.

Blessed are you when people insult you, persecute you and falsely say all kinds of evil against you because of me.

Rejoice and be glad, because great is your reward in heaven, for in the same way they persecuted the prophets who were before you.

⟨Matthew 5:3-12, the Sermon on the Mount⟩

심령이 가난한 자는 복이 있나니 천국이 그들의 것임이요.
애통하는 자는 복이 있나니 그들이 위로를 받을 것임이요.
온유한 자는 복이 있나니 그들이 땅을 기업으로 받을 것임이요.
의에 주리고 목마른 자는 복이 있나니 그들이 배부를 것임이요.
긍휼히 여기는 자는 복이 있나니 그들이 긍휼히 여김을 받을 것임이요.
마음이 청결한 자는 복이 있나니 그들이 하나님을 볼 것임이요.
화평하게 하는 자는 복이 있나니 그들이 하나님의 아들이라 일컬음을 받을 것임이요.
의를 위하여 박해를 받은 자는 복이 있나니 천국이 그들의 것임이라.
나로 말미암아 너희를 욕하고 박해하고 거짓으로 너희를 거슬러 모든 악한 말을 할 때에는
너희에게 복이 있나니.
기뻐하고 즐거워하라 하늘에서 너희의 상이 큼이라 너희 전에 있던 선지자들도 이같이
박해하였느니라. 〈마태복음 5:3-12, 산상수훈〉

- **kingdom of heaven** 천국 **mourn** 애통하다 **be comforted** 위로를 받다 **meek** 온유한 **inherit the earth** 땅을 상속받다 **thirst** 갈증 **righteousness** 정의, 공정 **insult** 모욕하다 **persecute** 박해하다 **falsely** 가짜의 **rejoice** 대단히 기뻐하다 **reward** 보상 **prophet** 선지자

- 예수님의 산상수훈(Sermon on the Mount)의 핵심적인 부분으로 '팔복(八福)'으로 불리우기도 한다. 이는 기독교 윤리와 영성의 정수를 담고 있다. 세상의 기준과는 전혀 다른 하나님의 관점에서 진정한 복은 하나님 앞에 겸손하고 그분의 뜻을 따르고, 고난과 고통 속에서도 신심을 잃지 않는 자에게 주어진다는 내용이다.

01 성경말씀

English Handwriting Practice

050

따라써보기 Blessed are the poor in spirit, for theirs is the kingdom of heaven.
Blessed are those who mourn, for they will be comforted.
Blessed are the meek, for they will inherit the earth.
Blessed are those who hunger and thirst for righteousness, for they will be filled.
Blessed are the merciful, for they will be shown mercy.
Blessed are the pure in heart, for they will see God.
Blessed are the peacemakers, for they will be called sons of God.
Blessed are those who are persecuted because of righteousness, for theirs is the kingdom of heaven.
"Blessed are you when people insult you, persecute you and falsely say all kinds of evil against you because of me.
Rejoice and be glad, because great is your reward in heaven, for in the same way they persecuted the prophets who were before you.

필사해보기

02 불경말씀

001
Everything depends only on our mind.
모든 것은 오직 우리의 마음가짐에 달려 있다.[일체유심조(一切唯心造)]

- depend on~ …에 달려있다
- 일체유심조(一切唯心造)는 '화엄경'의 핵심사상을 이루는 말로 "모든 것은 오직 마음이 지어낸다" 즉, 모든 것은 오직 우리의 마음가짐에 달려 있다란 의미이다. 행복과 불행은 마음에서 지어내는 것으로 그 누구도 날 행복하게 할 수 없고 불행하게도 할 수 없다란 말씀이다. 부처님이 직접 말씀한 것으로는 확인되지 않으나 부처님의 가르침을 한 마디로 잘 요약한 현재적 표현이다.

002
There is no fear for one whose mind is not filled with desires.
마음이 욕망으로 가득 차 있지 않은 사람에게는 두려움이 없다.

- fear 두려움   be filled with …로 가득차다   desire 탐욕, 욕망
- 〈법구경〉 핵심사상과 일치하는 문장. 탐욕은 고통의 근원이기 때문에 욕망이 없으면 잃을 것도 없고 얻으려고 애쓰지도 않는다, 즉 해탈이나 무욕의 상태가 되기 때문에 두려움이 없는 진정한 평화가 온다는 표현이다.

003
The root of suffering is attachment.
고통의 근원은 집착이다.

- root 뿌리   suffering 고통   attachment 집착, 애착
- 부처님의 핵심 가르침 중의 하나이다. 우리도 보통 경험하듯이 어떤 상황이나 사람에 집착하게 되면 그리고 그것이 뜻대로 되지 않으면 고통이 뒤따르게 되어 있다. 이 집착은 불교에서 욕망, 분노와 더불어 삼독(三毒)에 속한다.

English Handwriting Practice

001

따라써보기 Everything depends on only our mind.

필사해보기

002

따라써보기 There is no fear for one whose mind is not filled with desires.

필사해보기

003

따라써보기 The root of suffering is attachment.

필사해보기

02 불경말씀

004
The mind is everything. What you think, you become.
💡 마음이 전부이다. 생각하는 대로 된다.

- mind 마음 think 생각하다 become …이 되다
- 부처님 말씀인 〈일체유심조〉와 일맥상통하는 표현이다. 인생의 고통은 외부현실의 문제보다는 그것을 받아들이는 마음이 만드는 경우가 많다. 따라서 지금 삶은 스스로가 빚어낸 것이기 때문에 삶을 바꾸고 싶으면 생각부터 바꾸어야 한다는 의미이다.

005
You only lose what you cling to.
 당신은 집착하는 것만 잃는다.

- lose 잃다 cling to~ …에 집착하다
- 부처님 가르침의 핵심을 관통하는 표현. 불교에서 집착(attachment; cling to)은 고통의 뿌리이다. 불교의 무상, 무집착을 표현하고 있는 부분이다. 다시 말해서 집착하면 고통만이 찾아 오고 집착을 풀면 자유가 온다는 내용이다.

006
Peace comes from within. Do not seek it without.
 평화는 내면에서 찾아오는 것이다. 외부에서는 찾지 말아라.

- come from …로부터 오다 within 내면에서 seek 구하다, 찾다 without 밖에서
- 역시 부처님의 가르침 중의 하나로 외부의 물질적인 것으로 부터는 마음의 평화를 구할 수 없다는 말씀. 자기 마음의 상태에서 진정한 평화가 오기 때문에 외면보다는 내면에 천착하라는 의미이다.

English Handwriting Practice

004

따라써보기 The mind is everything. What you think, you become.

필사해보기

005

따라써보기 You only lose what you cling to.

필사해보기

006

따라써보기 Peace comes from within. Do not seek it without.

필사해보기

02 불경말씀

007
The tongue is like a sharp knife... Kills without drawing blood.

 혀는 예리한 칼과 같다... 피를 흘리지 않고 죽인다.

- tongue 혀 　be like~ …와 같다 　sharp knife 날카로운 칼 　without ~ing …하지 않고 　draw blood 피를 흘리다
- 쉽게 말하면 말조심하라는 이야기. 세치 혀지만 날카로운 칼과 같아서 피 한 방울 흘리지 않고서도 사람을 해치거나 죽일 수도 있다는 내용이다. 인터넷과 SNS의 발달로 댓글과 같은 언어폭력만으로도 사람을 자살하게 하는 경우를 떠올리면 된다.

008
To conquer oneself is a greater task than conquering others.

 자기 자신을 정복하는 것은 다른 사람을 정복하는 것보다 더 큰 과제이다.

- conquer oneself 스스로를 정복하다 　task 임무, 과제 　conquer others 타인들을 정복하다
- 〈법구경〉 제 103절에 나오는 말씀이다. 다른 사람과의 경쟁에서 승리하는 것보다 자기 자신 내면에 도사리고 있는 욕망, 집착, 분노, 두려움 등 내면의 적들을 잘 다스리는 게 진정한 승리라는 의미이다.

009
The less you care about what people think, the happier you will be.

 다른 사람들이 어떻게 생각하는지에 대해서 덜 신경쓸수록, 너는 더 행복해질 것이다.

- the less~ the happier~ 덜 …하면 할수록 더 행복하게 …한다 　care about 신경쓰다
- 남들은 별로 신경쓰지도 않는데 타인이 자기를 쳐다본다고 생각하는 사람들이 있다. 이렇게 되면 삶은 철창 안에 갇히는 셈이 되어 불행은 차고 넘치게 된다. 타인의 시선이나 평가를 지나치게 신경쓰지 않고 자기 삶의 기준은 자기 스스로가 되라는 의미이다.

English Handwriting Practice

007
따라써보기 The tongue is like a sharp knife... Kills without drawing blood.

필사해보기

008
따라써보기 To conquer oneself is a greater task than conquering others.

필사해보기

009
따라써보기 The less you care about what people think, the happier you will be.

필사해보기

02 불경말씀

010
Suffering is not holding you. You are holding suffering.
💡 고통이 널 붙잡고 있는 것이 아니다. 네가 고통을 붙잡고 있는 것이다.

- suffering 고통   hold 붙잡다
- 고통은 외부의 힘이 아니라 자기 내면 속에 있는 욕망, 탐욕, 집착 등이 자신을 괴롭히고 있다는 의미. 다 자기 마음 먹기에 달려 있다는 의미이다.

011
Your own self is your master; who else could be? With yourself well controlled, you gain a master very hard to find.
💡 당신 자신이 당신의 주인이다. 다른 누가 그럴 수 있나? 당신 자신을 잘 통제하면, 당신은 찾기 매우 어려운 주인을 얻게 되는 것이다.

- Your own self is one's master 자기 자신이 자신의 삶을 책임진다   with yourself well controlled 잘 통제된 자신과 함께   gain 얻다
- 〈법구경〉 160절에 나오는 구절이다. 자기 자신의 삶은 누가 대신 해줄 수 없으니, 스스로 잘 통제하면 진정으로 의지할 수 있는 찾기 어려운 스승을 얻는 것과 같다는 의미이다. 자신의 내면을 잘 다스리라는 말씀.

012
Do not dwell in the past, do not dream of the future, concentrate on the present moment.
💡 과거에 집착하지 말고, 미래를 꿈꾸지 말며, 현재 순간에 집중하라.

- dwell in …에 안주하다   past 과거   dream of~ …을 꿈꾸다   concentrate on …에 집중하다
- 부처님의 가르침으로 불교의 핵심 실천 중 하나인 정념(正念)을 강조하는 글이다. 과거의 아픔에 집착하지 말고, 아직 오지 않은 미래에 불안해하지 말고 지금 이 순간에 집중하라는 말씀이다. 근데 현실은 어디 그렇게 되나요….

English Handwriting Practice

010

`따라써보기` Suffering is not holding you. You are holding suffering.

`필사해보기`

011

`따라써보기` Your own self is your master; who else could be? With yourself well controlled, you gain a master very hard to find.

`필사해보기`

012

`따라써보기` Do not dwell in the past, do not dream of the future, concentrate on the present moment.

`필사해보기`

02 불경말씀

013
Thousands of candles can be lit from a single candle, and the life of the candle will not be shortened. Happiness never decreases by being shared.

> 수천 개의 촛불이 하나의 촛불로부터 켜질 수 있지만, 그 촛불의 생명은 단축되지 않는다. 행복은 나눌수록 줄지 않는다.

- thousands of~ 수많은 candle 촛불 be lit from~ …로부터 켜지다 life 수명 be shortened 단축되다 decrease 줄어들다, 감소하다 be shared 공유하다, 함께 나누다
- 자비와 나눔에 대한 부처님 말씀의 핵심을 관통하고 있는 문장이다. 쉽게 풀어쓰자면, 한 촛불이 여러 개의 다른 촛불을 켤 수 있는 것처럼 행복을 함께 나누어도 절대로 줄지 않는다는 내용이다.

014
No one saves us but ourselves. No one can and no one may. We ourselves must walk the path.

> 누구도 우리 자신을 구원해주지 않는다. 그 누구도 우리 대신 구원할 수 없고, 그럴 수도 없다. 자기 자신만이 구할 수 있다.

- save 구원하다 but (전치사로) 오직 walk the path 수행의 길을 가다
- 타인의 도움으로 자신이 수행의 길을 가고, 깨달음으로 가는 길을 갈 수는 없다. 어느 누가 대신할 수 있는 것이 아니라 오직 자기 자신만이, 즉 자력으로 진리의 길로 향할 수 있다는 부처님의 사상을 표현하고 있다.

015
The past is already gone; the future is not yet here. There's only one moment for you to live.

> 과거는 이미 지났고 미래는 아직 없습니다. 살 수 있는 순간은 단 하나뿐입니다.

- be gone 가버렸다 be not yet here 아직 여기에 있지 않다 moment 순간
- 과거와 미래보다는 지금 이 순간을 중요하게 생각하는 불교사상을 엿볼 수 있는 문장이다. 과거에 지나치게 함몰되지 말고, 또한 미래에 대해서도 너무 걱정하지 말고, 지금 이 순간을 살라는 말씀이다. 이 순간, 지금에 깨어있으라는 의미이다.

English Handwriting Practice

013

따라써보기 Thousands of candles can be lit from a single candle, and the life of the candle will not be shortened. Happiness never decreases by being shared.

필사해보기

014

따라써보기 No one saves us but ourselves. No one can and no one may. We ourselves must walk the path.

필사해보기

015

따라써보기 The past is already gone; the future is not yet here. There's only one moment for you to live.

필사해보기

02 불경말씀

016
Like a beautiful flower full of color but without fragrance, even so, fruitless are the fair words of one who does not practice them.

💡 향기 없는 화려한 꽃처럼, 행동하지 않는 사람의 좋은 말은 아무 열매가 없다.

- like …처럼 full of~ …로 가득찬 without fragrance 향기없는 even so 그렇기는 하지만 fruitless 결실없는, 성과없는 fair words 감언, 달콤한 말 practice 실행하다(번지르르한 말을 행동에 옮기다)
- 삶의 지혜와 실천적 가르침을 간결하게 담고 있는 대표적인 불교 경전인 〈법구경〉 제 4장 Flowers 중 51절에 나오는 구절이다. 한마디로 요약하자면 겉치레에만 신경쓰고 또한 말만 청산유수이지만 정작 실천을 모르는 사람의 무의미함을 언급하고 있다.

017
Begin each day with optimism and end each day with forgiveness. Happiness in life begins and ends within your heart.

💡 매일 낙관적인 마음과 함께하고, 용서로서 하루를 마무리해라. 행복의 시작과 끝은 너의 마음 안에 있는 것이다.

- begin 시작하다 optimism 낙관 forgiveness 용서 within your heart 너의 마음 안에
- 부처님은 외면보다는 내면, 과거와 미래보다는 현재를 중요시한다. 하루의 시작은 긍정적으로 시작하고 하루의 마감은 용서를 통해 마음의 응어리를 풀고 비우라는 의미이다. 행복은 마음 속에서 시작되고 마음 속에서 완성되기 때문이다.

018
Don't be jealous of anyone. Don't compete with anyone. Just focus on becoming the best version of yourself.

💡 다른 사람을 질투하지마라. 그들과 경쟁하지마라. 그저 자신이 최선의 모습에 이르는 것에만 집중해라.

- compete with~ …와 경쟁하다 focus on …에 집중하다 the best version 최고의 모습
- 질투하면 고통의 씨앗이 되고, 남과 비교하고 지나치게 경쟁하다 보면 마음은 불안에 흔들리게 된다. 이러기보다는 어제보다 더 나은 자기 자신을 만드는 데 집중하라는 좋은 이야기이다.

English Handwriting Practice

016

따라써보기 Like a beautiful flower full of color but without fragrance, even so, fruitless are the fair words of one who does not practice them.

필사해보기

017

따라써보기 Begin each day with optimism and end each day with forgiveness. Happiness in life begins and ends within your heart.

필사해보기

018

따라써보기 Don't be jealous of anyone. Don't compete with anyone. Just focus on becoming the best version of yourself.

필사해보기

02 불경말씀

019
You can't change how people feel about you. So don't try. Just live your life and be happy.

> 다른 사람들이 너에 대해서 어떻게 느끼는지는 네가 바꿀 수가 없는 것이다. 그러니 바꾸려고 하지 말고, 너는 그저 너의 삶을 살아라. 그리고 행복해져라.

- change 바꾸다 feel about~ …에 대해 생각하다 try 시도하다, 애쓰다 live your life 자기 자신의 삶을 살다
- 불교는 아무래도 남을 초월한 자기 자신의 수행과 성찰에 집중하고 있다. 이 글은 자기에 대한 타인들의 생각을 바꿀 수 없으니 그럴 노력은 하지 말고 자기 자신의 삶을 살면서 내면에서 행복을 찾으라는 말씀이다.

020
Life is the most difficult exam. Many people fail because they try to copy others, not realizing that everyone has a different question paper.

> 인생은 세상에서 가장 어려운 시험이다. 하지만 많은 사람들은 시험에서 떨어졌는데, 그 이유는 각자가 다른 문제를 풀고 있다는 것을 깨닫지 못한 채 다른 사람의 답만을 따라하려고 했기 때문이다.

- fail 실패하다, 떨어지다 try to copy 베끼려고 하다 realize 깨닫다 question paper 시험지
- 인생은 스스로 개척하고 내면의 성찰을 통해 자기 자신만의 행복을 추구해야 하는데, 사람들은 문제지가 다름에도 불구하고 이를 모르고 타인들을 커닝하면서 틀린 답을 구하는 어리석음을 저지르고 있다는 내용이다.

021
Just as rain penetrates a poorly thatched roof, passion can overwhelm an unreflective mind.

> 빗물이 엉성하게 덮인 지붕을 쉽게 뚫듯, 성찰 없는 마음은 욕망에 쉽게 압도됩니다.

- penetrate 관통하다, 침투하다 thatched roof 초가지붕의, 얇게 덮은 passion 욕망 overwhelm 압도하다 unreflective 성찰하지 않는
- 〈법구경〉 제 1장 13절에 나오는 구절. 우리 마음이 성찰로 훈련되지 않으면 분노나 탐욕, 욕망 같은 감정에 쉽게 지배당한다. 자기 성찰의 중요성을 강조하고 있다.

English Handwriting Practice

019

따라써보기 You can't change how people feel about you. So don't try. Just live your life and be happy.

필사해보기

020

따라써보기 Life is the most difficult exam. Many people fail because they try to copy others, not realizing that everyone has a different question paper.

필사해보기

021

따라써보기 Just as rain penetrates a poorly thatched roof, passion can overwhelm an unreflective mind.

필사해보기

02 불경말씀

> **022**

However many holy words you read, however many you speak, what good will they do if you do not act upon them?

 아무리 성스러운 말을 많이 읽어도, 아무리 많이 말해도, 그 말들을 실천하지 않는다면 무슨 소용이 있겠는가?

- **holy words** 성스러운 말 **do good** 도움이 되다, 소용되다 **act upon** …에 따라 행동하다
- 〈법구경〉 제 1장 19절에 나오는 내용이다. 좋은 말씀을 아무리 읽고 또 남들에게 좋은 말을 해도 그 말씀에 따라 실천하거나 행동하지 않으면 아무런 소용도 없다는 문구이다. 알고 있는 것과 이를 실천하는 것은 다른 문제라는 이야기이다.

> **023**

One who conquers himself is greater than another who conquers a thousand times a thousand men on the battlefield. Be victorious over yourself and not over others.

자신을 이기는 사람은 전쟁터에서 천 배나 정복하는 사람보다 위대하다. 남을 이기지 말고, 자기 자신을 이기도록 해라.

- **conquer oneself** 자신을 이기다(자기 마음을 이기고 다스림)
  conquer a thousand times a thousand men 천 번의 전투에서 천 명의 적을 이기다
  battlefield 전장터   **Be victorious over~** …을 통제하고 성찰하다
- 〈법구경〉에 나오는 구절로 외부의 적인 다른 사람을 이기는 것보다 자기 자신을 이기고 극복하는 즉 내면의 승리가 더 값어치 있다는 말씀이다.

English Handwriting Practice

022

따라써보기 However many holy words you read, however many you speak, what good will they do if you do not act upon them?

필사해보기

023

따라써보기 One who conquers himself is greater than another who conquers a thousand times a thousand men on the battlefield. Be victorious over yourself and not over others.

필사해보기

02 불경말씀

024
Consort not with those that are dear, never with those that are not dear; not seeing those that are dear and seeing those that are not dear, are both painful. Hence hold nothing dear, for separation from those that are dear is painful; bonds do not exist for those to whom nothing is dear or not dear.

> 그리운 사람들과 사귀지 말고, 미운 사람들과 절대 사귀지 말지니. 그리운 사람을 보지 못하고 미운 사람을 보게 되는 것, 이 둘 모두 괴롭네. 그러므로 하나라도 그리운 것을 잡지 말지니, 그리운 것과 헤어짐은 괴롭기 때문이네. 어떤 것도 그리워하거나 미워하지 않는 사람에게는 아무런 속박이 없네.

- consort 어울리다 those that are dear 사랑하는 사람들 painful 고통스런 hence 이런 이유로
  hold nothing dear 어떤 것도 소중히 여기다 separation 헤어짐 bond 속박 exist 존재하다
- 〈법구경〉 제 211-212절의 내용이다. 우리 일반인들에게 "사람을 사랑하지 마라. 보지 못해서 괴롭다. 사람을 미워하지 마라. 봐서 괴롭다"로 잘 알려진 문구이다. 불교의 무소유, 무집착의 내용이 잘 들어가 있는 말씀이다.

English Handwriting Practice

024

따라써보기 Consort not with those that are dear, never with those that are not dear; not seeing those that are dear and seeing those that are not dear, are both painful. Hence hold nothing dear, for separation from those that are dear is painful; bonds do not exist for those to whom nothing is dear or not dear.

필사해보기

SUPPLEMENTS

광고문구나 속담

조금은 오래되었지만 그 당시 관심을 불러일으켰던
광고문고 몇 개와 누가 말했는지는 모르지만
세월이 흘러가도 우리들 주변에서 우리에게
조언을 해주는 유명 속담들을 모아보았다.

광고문구나 속담

001
It's the real thing.
💡 진짜입니다.

- real 진짜의
- 말그대로 "가짜가 아니라" 뜻. 코카콜라의 광고에 인용되어 유명해진 말이다. 한때 펩시콜라의 등장에 긴장한 코카콜라측이 '우리도 한번 맛에 변화를 줘볼까?'하고 잠깐 맛을 바꿨다가 실패본 적이 있었는데, 그후 원래의 코카콜라 맛으로 돌아가면서 광고에 냈던 카피가 바로 "Classic Coke, It's the real thing."

002
We're No. 2. We try harder.
💡 우리는 2위입니다. 그래서 더 열심히 노력하고 있습니다.

- try harder 더 열심히 노력하다
- Hertz 다음으로 큰 미국의 렌트카 회사, Avis의 캐치프레이즈. 2위라 1위보다 못한 게 아니라, 역으로 「2위이기 때문에 최고를 목표로 더 열심히 서비스하고 있다」는 얘기이다. 조금 못하고, 조금 부족하면 숨기려고 하는 게 인지상정인데, 거꾸로 그 모자람을 당당히 드러낸 것이 오히려 광고계에 신선한 충격이 되었음은 물론, 열심히 노력하는 자세가 더더욱 부각되어 많은 사람들의 호응을 얻을 수 있었다고.

003
Where's the beef?
💡 진짜 알맹이는 어디 있소?

- beef 고기
- 전 세계 햄버거 업계를 주름잡는 Wendy's의 TV 광고 문구. 경쟁사의 햄버거를 뜯어보면서 「밀가루만 많고 도대체 고기는 보이지 않는구만」하는 뜻에서 "Where's the beef?"라고 묻는 장면이다. 즉, "Wendy's는 고기가 많이 들어 있는데…"라는 뉘앙스를 담고 있는 것. 1984년 美 민주당 대통령 후보 지명전에서 Walter Mondale측이 경쟁후보였던 Gary Hart측에 대해 "당신네 선거공약에 도대체 알짜배기는 어디 있소?"라는 의미의 반박 구호로 인용하기 시작하면서 널리 인식되기에 이르렀다고.

English Handwriting Practice

001

따라써보기 It's the real thing.

필사해보기

002

따라써보기 We're No. 2. We try harder.

필사해보기

003

따라써보기 Where's the beef?

필사해보기

광고문구나 속담

004 **You've come a long way, baby.**
그대, 먼 길을 왔군요.

- come a long way 먼 길을 오다
- Philip Morris 社가 여성을 대상으로 한 Virginia Slims 담배를 내놓으면서 TV 광고문구로 쓰여 유명해진 말. 여기서 baby는 '여성'을 일컫는 애칭으로 "여성들이 여기까지 진보했구나," 즉 "그대, 장족의 발전을 거두었군요"라는 의미이다. 여성들의 사회진출로 남녀의 장벽이 허물어지면서 담배 역시 여성들에게 기호품 정도로 여겨지게 된 것을 두고 하는 말. 시류를 잘 탄 상술이 돋보이는 카피이다.

005 **You can check out any time you like, but you can never leave!**
체크아웃은 언제든지 가능하지만, 절대 떠날 수는 없다!

- check out 호텔에서 체크아웃하다
- 〈호텔 캘리포니아〉의 마지막 가사이다. 미국의 물질주의와 쾌락주의의 상징인 호텔 캘리포니아에서 나가기 위해 체크아웃은 가능하지만, 실제로는 그 세계를 절대 벗어나지 못할 거라는 다소 암울한 사회상을 묘사하고 있다.

English Handwriting Practice

004

따라써보기 You've come a long way, baby.

필사해보기

005

따라써보기 You can check out any time you like, but you can never leave!

필사해보기

광고문구나 속담

006 **Don't count your chickens before they're hatched.**
💡 김치국부터 마시지 마라.

007 **Words can cut more than swords.**
💡 말이 칼보다 더 깊은 상처를 줄 수 있다.

008 **There is a time for everything in life.**
💡 모든 일에는 다 때가 있는 법이다.

009 **United we stand, divided we fall.**
💡 뭉치면 살고 흩어지면 죽는다.

010 **Opportunities like this one seldom knock twice.**
💡 이와 같은 기회는 두 번 다시 오지 않는다.

English Handwriting Practice

006
따라써보기 Don't count your chickens before they're hatched.
필사해보기

007
따라써보기 Words can cut more than swords.
필사해보기

008
따라써보기 There is a time for everything in life.
필사해보기

009
따라써보기 United we stand, divided we fall.
필사해보기

010
따라써보기 Opportunities like this one seldom knock twice
필사해보기

광고문구나 속담

011 **Experience is the best teacher.**
경험이 최고의 스승이다.

012 **There are two sides to every question.**
모든 문제엔 두가지 측면이 있지.

013 **The more you get, the more you want.**
인간의 욕심에는 한이 없다.

014 **If you can't beat them, join them.**
거부할 수 없으면 동참해라.

015 **He who laughs last, laughs best!**
마지막에 웃는 자가 최후의 승자이다!

English Handwriting Practice

011
따라써보기 Experience is the best teacher.
필사해보기

012
따라써보기 There are two sides to every question.
필사해보기

013
따라써보기 The more you get the more you want.
필사해보기

014
따라써보기 If you can't beat them, join them.
필사해보기

015
따라써보기 He who laughs last, laughs best!
필사해보기

광고문구나 속담

016 **Success doesn't come to you. You go to it.**
성공은 기다리는 사람에게 저절로 오는게 아니라 먼저 다가가 성취해야 한다.

017 **Failure is not the opposite of success. It is part of success.**
실패란 성공의 반대말이 아니라 성공의 일부이다.

018 **The best things come in small packages.**
좋은 것은 작은 것에 담겨 온다.

019 **Life always offers you a second chance. It's called tomorrow.**
인생은 항상 우리에게 한 번 더 기회를 준다. 그건 내일이라고 한다.

020 **In the end, we only regret the chances we didn't take.**
결국, 우리는 우리가 잡지 못한 기회를 후회하게 될 뿐이다.

English Handwriting Practice

016
따라써보기 Success doesn't come to you. You go to it.
필사해보기

017
따라써보기 Failure is not the opposite of success. It is part of success.
필사해보기

018
따라써보기 The best things come in small packages.
필사해보기

019
따라써보기 Life always offers you a second chance. It's called tomorrow.
필사해보기

020
따라써보기 In the end, we only regret the chances we didn't take.
필사해보기

광고문구나 속담

021 **Every family has a skeleton in the closet.**
💡 털어서 먼지 안 나는 사람 없다.

022 **A bird in the hand is worth two in the bush.**
💡 숲속의 두마리 새보다는 손안의 한마리 새가 낫다.

023 **Winners find a way. Losers find an excuse.**
💡 승자는 방법을 찾고 패자는 변명을 찾는다.

024 **Hate the sin and not the sinner.**
💡 죄는 미워하되 사람은 미워하지 마라.

025 **It's not how much you have, but how much you enjoy that makes happiness.**
💡 행복은 네가 가진 것이 얼마나 많은 지가 아니라, 얼마나 즐기는지에 달려 있다.

English Handwriting Practice

021
따라써보기 Every family has a skeleton in the closet.
필사해보기

022
따라써보기 A bird in the hand is worth two in the bush.
필사해보기

023
따라써보기 Winners find a way. Losers find an excuse.
필사해보기

024
따라써보기 Hate the sin and not the sinner.
필사해보기

025
따라써보기 It's not how much you have, but how much you enjoy that makes happiness.
필사해보기

광고문구나 속담

026 **Hatred stirs up conflict, but love covers over all wrongs.**
💡 증오는 다툼을 일으키고 사랑은 모든 허물을 덮는다.

027 **Dreams don't work unless you do.**
💡 노력이 없다면, 꿈은 절대 이루어지지 않아.

028 **In the middle of every difficulty lies opportunity.**
💡 모든 어려움의 한가운데는 기회가 숨어 있어.

029 **Lost time is never found again.**
💡 잃어버린 시간은 결코 다시 돌아오지 않는다.

030 **Dream big. Start small. Act now.**
💡 크게 꿈꾸고 작게 시작하고 그리고 지금 바로 행동하라.

English Handwriting Practice

026
따라써보기 ▶ Hatred stirs up conflict, but love covers over all wrongs.
필사해보기

027
따라써보기 ▶ Dreams don't work unless you do.
필사해보기

028
따라써보기 ▶ In the middle of every difficulty lies opportunity.
필사해보기

029
따라써보기 ▶ Lost time is never found again.
필사해보기

030
따라써보기 ▶ Dream big. Start small. Act now.
필사해보기

광고문구나 속담

031 **The best time for new beginnings is now.**
새로운 시작을 하기 가장 좋은 때는 바로 지금이다.

032 **Wherever you go, go with all your heart.**
어디를 가든 온 마음을 다해 가라.

033 **What goes around, comes around.**
남에게 한 대로 자신에게 돌아온다.

034 **Two heads are better than one.**
두 개의 머리가 하나보다 낫습니다.(두 사람이 함께 일하면 더 나은 결과를 얻을 수 있다는 뜻)

035 **An apple a day keeps the doctor away.**
매일 사과를 한개씩 먹으면 병원에 갈 필요가 없게 된다.

English Handwriting Practice

031
따라써보기 The best time for new beginnings is now.
필사해보기

032
따라써보기 Wherever you go, go with all your heart.
필사해보기

033
따라써보기 What goes around, comes around.
필사해보기

034
따라써보기 Two heads are better than one.
필사해보기

035
따라써보기 An apple a day keeps the doctor away.
필사해보기

광고문구나 속담

036 It's just beginner's luck.
💡 처음하는 사람에게 따르는 운이네.

037 The pot calls the kettle black.
💡 똥 묻은 개가 겨 묻은 개 나무란다.

038 The walls have ears.
💡 낮말은 새가 듣고 밤말은 쥐가 듣는다.

039 Every dog has his day.
💡 쥐구멍에도 볕 들 날 있다.

040 Too many cooks spoil the broth.
💡 사공이 많으면 배가 산으로 간다.

English Handwriting Practice

036
따라써보기 It's just beginner's luck.
필사해보기

037
따라써보기 The pot calls the kettle black.
필사해보기

038
따라써보기 The walls have ears.
필사해보기

039
따라써보기 Every dog has his day.
필사해보기

040
따라써보기 Too many cooks spoil the broth.
필사해보기

광고문구나 속담

041 **It takes two to tango.**
손바닥도 마주쳐야 소리가 난다.

042 **Where there is a will there is a way.**
뜻이 있는 곳에 길이 있다.

043 **Better later than never.**
안하기보다는 늦게라도 하는 것이 낫다.

044 **A trouble shared is a trouble halved.**
백지장도 맞들면 가벼워진다.

045 **Time and tide wait for no man.**
세월은 사람을 기다려주지 않는다.

English Handwriting Practice

041
따라써보기 It takes two to tango.
필사해보기

042
따라써보기 Where there is a will there is a way.
필사해보기

043
따라써보기 Better later than never.
필사해보기

044
따라써보기 A trouble shared is a trouble halved.
필사해보기

045
따라써보기 Time and tide wait for no man.
필사해보기

광고문구나 속담

046 **The customer is always right.**
손님은 왕이다.

047 **Don't put all your eggs in one basket.**
모든 것을 한 곳에 걸지 마라.

048 **Misfortunes never come singly.**
불행은 결코 홀로 오지 않는다.

049 **Birds of a feather flock together.**
유유상종.

050 **A friend in need is a friend indeed.**
어려울 때 친구가 진정한 친구이다.

English Handwriting Practice

046
`따라써보기` The customer is always right.

`필사해보기`

047
`따라써보기` Don't put all your eggs in one basket.

`필사해보기`

048
`따라써보기` Misfortunes never come singly.

`필사해보기`

049
`따라써보기` Birds of a feather flock together.

`필사해보기`

050
`따라써보기` A friend in need is a friend indeed.

`필사해보기`

광고문구나 속담

051 **Strike while the iron is hot.**
💡 쇠는 달았을 때 두들겨야 한다.

052 **Two's company, but three's a crowd.**
💡 둘이면 친구지만 셋이면 남남이다.

053 **God helps those who help themselves.**
💡 하늘은 스스로 돕는자를 돕는다.

054 **Time heals all wounds.**
💡 세월이 약이다.

English Handwriting Practice

051
따라써보기 Strike while the iron is hot.
필사해보기

052
따라써보기 Two's company, but three's a crowd.
필사해보기

053
따라써보기 God helps those who help themselves.
필사해보기

054
따라써보기 Time heals all wounds.
필사해보기

memo